21世纪应用型创新实践实训教材

审计学实训教程

郭志英 ◎ 主编

清华大学出版社
北 京

内 容 简 介

本书依据最新发布的审计准则和多年的模拟实践教学经验编写,结合实际企业业务模拟,进行实训审计讲解与训练。全书共 13 章。第 1 章介绍审计模拟实训目的和要求;第 2 章介绍被审计单位资料;第 3 章介绍常用的审计方法;第 4 章介绍被审计单位会计相关资料;第 5~11 章分别介绍各类审计实务内容实训,分别是接受审计业务与编制审计计划,销售与收款循环,采购与付款循环、生产循环、投资与筹资循环、货币资金和特殊项目审计工作底稿的编制。第 12 章和第 13 章分别就汇总审计工作底稿的编制及审计报告工作底稿的编制进行介绍。第 5~12 章每章都有相关的实训活动。教材配套提供相关数据及审计工作底稿表格电子文件,方便师生使用。

本书封面贴有清华大学出版社防伪标签,无标签者不得销售。

版权所有,侵权必究。举报:010-62782989,beiqinquan@tup.tsinghua.edu.cn。

图书在版编目(CIP)数据

审计学实训教程 / 郭志英主编. -- 北京 : 清华大学出版社,2025.7.
(21 世纪应用型创新实践实训教材). -- ISBN 978-7-302-70146-0

Ⅰ. F239.0

中国国家版本馆 CIP 数据核字第 20257KK162 号

责任编辑:高晓蔚
封面设计:汉风唐韵
责任校对:宋玉莲
责任印制:沈 露

出版发行:清华大学出版社
      网   址:http://www.tup.com.cn,http://www.wqbook.com
      地   址:北京清华大学学研大厦 A 座   邮   编:100084
      社 总 机:010-83470000   邮   购:010-62786544
      投稿与读者服务:010-62776969,c-service@tup.tsinghua.edu.cn
      质量反馈:010-62772015,zhiliang@tup.tsinghua.edu.cn
      课件下载:https://www.tup.com.cn,010-83470332
印 装 者:三河市科茂嘉荣印务有限公司
经   销:全国新华书店
开   本:185mm×260mm   印   张:18.75   字   数:418 千字
版   次:2025 年 8 月第 1 版   印   次:2025 年 8 月第 1 次印刷
定   价:58.00 元

产品编号:086902-01

21 世纪应用型创新实践实训教材
编委会

序

国家"互联网+"战略的实施加速了"大智移云"时代的到来,给经济活动和社会发展带来深远影响。企业财会工作向信息化、智能化转变,财会工作岗位所要求的理论素养和实践技能也随之发生深刻变革。这一变革对于高等院校人才的培养模式、教学改革以及学校转型发展都提出了新的要求。自2015年起,上海市教育委员会持续开展上海市属高校应用型本科试点专业建设工作,旨在提高学生综合素质,增强学生创新和实践能力。

上海海事大学会计学专业始创于1962年,是恢复高考后于1978年在上海市与原交通部所属院校中率先复办的专业,以会计理论与方法在水运行业的应用为特色。进入21世纪后,上海海事大学会计学专业对于会计人才的培养模式进行了全方位的探索与实践,被列入上海市属高校应用型本科试点专业建设,将进一步促进专业的发展、增强专业的应用特色。

教材是实现人才培养目标的重要载体,依据"应用型本科试点专业"的目标定位与人才培养模式的要求,上海海事大学经济管理学院组织编撰"21世纪应用型创新实践实训系列教材"。本系列教材具有以下特点。

(1) 系统性。本系列教材不仅涵盖会计学专业核心课程的实践技能,还涵盖管理学、经济学和统计学等学科基础课程的实践技能,并注重课程之间的交叉和衔接,从不同维度培养学生的实践与应用能力。

(2) 真实性。本系列教材的部分内容来源于企业的真实资料。例如《中级财务会计实训教程》《成本会计实训教程》《审计学实训教程》中涉及的资料,部分来源于某大型交通制造业企业;《财务软件实训教程》中的资料来源于财务软件业知名企业;《财务管理实践教程》中的资料来源于运输企业。

(3) 创新性。本系列教材在内容结构上进行了新的探索与设计,突出了会计岗位对应实践技能需求的特色,优化整合了教学内容。

(4) 校企融合性。本系列教材的编撰人员具有丰富的教学和实践经验,既有双师型高校教师,也有企业会计实务专家。

相信本系列教材的出版,在更新知识体系、增强学生实践创新能力和培养应用型人才等方面能够发挥预期的作用,提升应用型本科试点专业的建设水平。

前 言

审计是一门综合性的学科，涉及图表数据多、操作性强。学生只进行理论学习达不到课程的预期效果，还需要具有一定的动手能力。为了建设应用型本科会计专业，体现水运业务特点，我们根据多年的模拟实践教学指导经验、长期的审计教学经历、广泛的实践积累，编写了本实训教材，目的是让学生在模拟审计实务的同时，了解水运行业的业务特点。

教材设计了各种经济业务，详细介绍其审计工作，并配备原始凭证及审计工作底稿。教材中的经济业务是根据实际企业业务模拟，在此对提供实际经济业务的企业表示衷心感谢！

本书由上海海事大学郭志英老师主编。郑卫茂老师、殷红老师、王藤燕老师参与了教材编写大纲的拟定及部分资料的搜集工作，会计专业2016级学生腾小娟、王巳成、李鑫灿及周旻珂参与了教材原始凭证的整理等工作。最后由郭志英负责编写，对教材进行了总体数据梳理、补充、衔接和完善。

由于我们水平所限，加之审计业务连续性的特点，书中的错误难以避免，恳请各位读者多提意见，以便于再版时修订，使我们的教材能够更好地为财务会计实践教学提供服务。

编　者

目　录

第 1 章

审计模拟实训目的和要求

🎯 学习目标

- 了解审计模拟实训的目的和要求
- 了解审计模拟实训的内容
- 了解审计模拟实训的组织的内容
- 了解审计模拟实训的步骤

1.1 审计模拟实训的目的

审计模拟实训是一个从学校学习审计理论到企业进行审计实操的过渡训练。在这一过程中,我们将营造出一种近似真实的环境,各项经济业务、会计核算、审计证据收集、填写审计工作底稿等全部采用仿真模式,为理论知识的应用提供平台,为今后实际的审计工作做出必要保证。

具体讲,审计模拟实训的目标可以概括为如下三个方面。

(1)通过审计模拟实训,使学生了解注册会计师财务报表审计的整个流程,能动手编制审计工作底稿,增强对审计流程的感性认知。

(2)通过审计模拟实训,使学生在指导教师的启发下,按照现代风险导向审计理念,保持职业怀疑,能够识别、评估并应对重大错报风险。通过了解被审计单位及其环境因素,分析被审计单位的财务信息及其他信息,执行审计程序,收集并评价审计证据,运用职业判断,得出恰当的审计结论。在这一过程中培养学生的审计思维方式。

(3)通过审计模拟实训,使学生在系统全面地掌握审计的基本技能的同时,加深其对审计理论的理解;锻炼学生的审计实践动手能力,为走向审计工作岗位奠定基础。

1.2 审计模拟实训要求及内容

1.2.1 审计模拟实训的要求

审计实训是培养学生实务操作技能的一门专业课,是学生在学习审计学的课程后,将理论与实践相结合,提高职业能力、拓展实践领域的必要过程。通过模拟审计的训练,进而掌握销售收款与收款循环审计、采购与付款循环审计、存货与生产循环审计、筹资与投资循环审计、货币资金审计,撰写审计报告等技能,能够出具审计报告,为学生毕业后从事审计工作打下良好的基础,基本掌握审计实践的工作要求。

模拟审计可以采取校内集中实训方式,也可以配合审计学课程同步实施。为了培养学生的审计思维方式与审计实践能力,在审计模拟实训教学的组织中应坚持以学生为主体的原则,使学生成为审计实训的主宰,独立思考,独立分析,独立判断,独立操作。指导教师则发挥其组织实训、启发思维、答疑解惑的作用,主要体现在以下几个方面:讲解实训前的准备及审计总体思路,提示审计各阶段的操作要点和主要审计项目的审计要点,控制实训节奏,总结实训与考核评价学生,以达到以下三方面的目标。

(一)能力目标

(1)学生熟悉各种循环审计程序;

(2)学生能够熟悉掌握审计业务的操作流程和操作要领;

(3)学生能够根据审计结果及调整情况编制各种意见类型的审计报告。

(二)素质目标

(1)学生拥有较强的口头与书面表达能力;

(2)学生拥有团队协作精神和较强的沟通协调能力;

(3)学生拥有良好的心理素质和克服困难的能力。

(三)知识目标

(1)学生掌握销售和收款循环审计;

(2)学生掌握采购和付款循环审计;

(3)学生掌握投资和筹资循环审计;

(4)学生掌握货币资金审计;

(5)学生掌握审计报告的撰写。

1.2.2 审计模拟实训的内容

审计模拟实训的内容包括 9 部分,分别如下。

第一部分:接受业务与编制审计计划,具体内容如下。

(1)了解被审计单位的基本情况、编制风险调查问卷和风险评价表;

(2)编制业务约定书;

(3)编制分析性测试的工作底稿;

（4）编制重要性水平估计表、重要性水平分配表；

（5）编制审计总体工作计划；

（6）编制时间预算和人员安排表。

第二部分：销售和收款循环审计工作底稿编制，具体内容如下。

（1）编制销售与收款循环控制测试程序表；

（2）编制应收账款审计程序表；

（3）编制应收账款审定表；

（4）编制企业询证函及函询结果汇总表；

（5）编制应收账款替代程序表；

（6）编制坏账准备审定表；

（7）编制应收票据审定表；

（8）编制应交税费审定表。

第三部分：采购与付款循环审计工作底稿编制，实训内容如下。

（1）编制购货与付款循环控制测试程序表、调查问卷；

（2）编制预付账款、固定资产与累计折旧、固定资产减值准备、在建工程、应付票据、应付账款有关审计程序表和审定表。

第四部分：生产循环审计工作底稿编制，具体内容如下。

（1）编制与生产循环有关的控制测试程序表、调查问卷和测试表；

（2）编制存货审计程序表、审定表、计价审定表、抽盘表、存货盘点情况汇总表、存货跌价准备审定表；

（3）编制生产成本、待摊费用、待处理财产损溢、应付职工薪酬、预提费用、主营业务成本的审计程序表和审定表。

第五部分：筹资与投资审计工作底稿编制。

（1）编制与筹资、投资循环有关的控制测试程序表、调查问卷和测试表；

（2）编制金融资产投资、应收股息、其他应收款、长期股权投资、长期股权投资减值准备、无形资产及减值准备、长期借款、短期借款、预计负债、应付债券、实收资本、资本公积、盈余公积、未分配利润、财务费用、管理费用、投资收益、营业外收支等项目的审计程序表和审定表。

第六部分：货币资金审计工作底稿编制。

（1）编制货币资金控制测试程序表、问卷调查表和控制测试表；

（2）编制库存现金、银行存款审计程序表、审定表、银行存款余额调节表和银行往来询证函。

第七部分：特殊项目审计工作底稿编制。

编制期初余额、会计估计、债务重组、非货币性交易、关联方及其交易、或有事项、期后事项、持续经营能力等项目的审计程序表和审定表。

第八部分：汇总审计工作底稿的编制。

编制管理当局声明书、审计差异调整表、与客户交换意见书、试算平衡表。

第九部分：审计报告工作底稿的编制。

编制审计工作小结、审计报告、签发报告前质量控制底稿和复核及批准汇总表。

1.3　审计模拟实训的组织

1.3.1　师资准备

学校配备审计模拟实训专职或兼职指导教师，负责组织与指导实训全过程，引导学生按照审计流程完成审计模拟实训，启发学生发现问题、分析问题、解决问题，解答学生在模拟实训中产生的疑惑。

1.3.2　专业知识准备

学生应在完成财务会计、成本会计、会计综合模拟实训、财务管理、企业管理、内部控制、经济法、税法、会计信息化、审计学等相关课程的学习后，掌握审计所需要的相关专业知识。

1.3.3　物质资料准备

除本书提供的相关资料外，在实训前还需要准备如下资料：

(1) 库存现金(可用点钞练功券代替)；

(2) 存货(可制造模型或用标注相应存货名称、规格、数量的明细卡代替)；

(3) 固定资产(可用标注名称、规格、型号、数量的明细卡代替)；

(4) 银行函证回函内容(可设计多种内容)；

(5) 应收账款、应付账款函证回函内容(可设计多种内容)；

(6) 律师函证回函内容(可设计多种内容)；

(7) 其他(根据需要自行收集或编制的资料)。

1.3.4　人物角色准备

(一)模拟会计师事务所的组织结构和审计项目组的构成，实施审计。

(1) 审计项目合伙人1人；

(2) 项目经理1人，负责现场审计的组织和领导；

(3) 审计项目组成员若干人。

（二）模拟被审计单位财务、会计、销售、生产、仓储、采购等部门,配合审计人员的工作,接受询问等。

（三）模拟被审计单位的往来单位及银行等外部单位,对函证予以回函,回答询问等。

1.3.5　实训总结

学生完成审计模拟实训后,应将所形成的审计工作底稿装订归档;撰写总结,谈谈心得体会,提出改进审计模拟实训的建议,并以书面报告的形式提交。注:审计工作底稿以实习小组为单位提交,实训总结报告每个学生提交一份。

1.3.6　考核评价

教师对学生提交的审计工作底稿及实训总结报告进行评阅,并结合学生在实训中的表现,对每一位学生作出恰当的评价,给出成绩。

1.4　审计模拟实训的步骤

1.4.1　角色分工

根据参加实训学生的规模,按照每组 5～6 人的标准进行分组,组成审计项目组,并为每组确定需要承担的被审计单位相关部门及外部单位的角色,审计项目组内需要进行简要沟通,按照角色需要进行分工。

1.4.2　实施审计

每一组均按照审计流程开展财务报表审计业务。

1.初步业务活动

（1）初步了解被审计单位及其环境。

（2）评价被审计单位的治理层、管理层是否诚信。

（3）评价会计师事务所与注册会计师遵守职业道德的情况。

（4）根据上述评价,确定是否接受或保持审计业务。

（5）如果接受或保持审计业务,则签订(续签)审计业务约定书。

2.计划审计工作

（1）初步确定重要性水平。

（2）初步识别可能存在较高重大错报风险的领域。

（3）制定总体审计策略。

（4）制订具体审计计划（本阶段主要是计划实施的风险评估程序的性质、时间和范围）。

（5）适时复核相关的审计工作底稿。

3．风险评估

实施风险评估程序，了解被审计单位及其环境，识别与评估重大错报风险。

4．应对风险

（1）针对报表层次重大错报风险采取总体应对措施。

（2）针对认定层次重大错报风险，设计与实施进一步审计程序（控制测试与实质性程序），收集审计证据。

（3）适时复核实施阶段形成的审计工作底稿。

5．完成审计工作

（1）汇总审计差异，提请被审计单位调整报表或适当披露。

（2）对调整后的财务报表总体合理性实施分析程序。

（3）复核审计工作底稿并评价审计结果。

　　① 综合评价获取的审计证据（充分性、适当性）。

　　② 最终评价重要性水平。

（4）形成审计意见并草拟审计报告。

（5）与被审计单位管理层沟通。

（6）出具审计报告。

1.5　情形设定与参考数据

1.5.1　关于审计主体的情形设定

1．审计主体为上海信海会计师事务所（地址：上海市临港大道 1606 号。邮编：230062。联系人：张三）。

2．不存在影响注册会计师独立性的情形与因素（可以设计独立性的不利影响及防范措施）。

3．项目组成员熟悉港口机械行业，项目组关键人员具有执行类似业务的经验，具备必要的技能和知识，在需要时，能够得到相关专家的帮助。

1.5.2　关于审计对象的情形设定

1．货币资金

设计金库内的现金和定期存单如下（提示：可配合"关于审计过程的情形设定"中的

执行现金监盘程序的情形来做出相应的设计)。

库存现金面值明细表

2022 年 12 月 31 日

面值	一百元	五十元	二十元	十元	五元	一元	五角	一角	合计
张(枚)数	60	40	50	60	0	10	2	2	
金额	6 000	2 000	1 000	600	0	10	1	0.2	9 611.20

中国工商银行存款单

凭证号：

存款人姓名	上海振兴港口机械有限公司		账户号	略	存期	1 年
币种	人民币元	金额(大写)	伍拾万元整			
	经办银行(盖章有效)			经办人(盖章)		
经办日期	存款金额(小写)	年利率	起存日期	到期日期	支取方式	其他约定
2022-9-7	500 000	1.1%	2022-9-7	2023-9-7	到期	

2. 存货

设计存货仓库内的库存商品、原材料数量(提示：可配合"关于审计过程的情形设定"中的执行存货监盘程序的情形来做出相应的设计)。

(1) 库存商品

库存商品数量明细表

2022 年 12 月 31 日

名　　称	单　　位	数　　量
龙门式起重机	吨	1 502.883 42
盾构	吨	1 821.509 31

(2) 原材料

原材料数量明细表

2022 年 12 月 31 日

名　　称	单　　位	数　　量
结构钢板	吨	2 435
二氧化碳		4 147
混合氧	吨	650
电焊条	吨	696

3. 固定资产

设计固定资产的数量及使用情况(提示：可配合"关于审计过程的情形设定"中的执行固定资产观察程序的情形来做出相应的设计)。

固定资产数量明细表

2022 年 12 月 31 日

名　　称	单位	数量	备　　注	名　　称	单位	数量	备注
房屋及建筑物				**办公设备**			
办公楼	栋	1	在用	联想扬天台式电脑	台	201	在用
厂房一	座	1	在用	联想 ThinkPad 笔记本	台	10	在用
厂房二	座	1	在用	HPLaserJet1022 打印机	台	28	在用
库房（材料）	座	1	在用	佳能复印机	台	10	在用
库房（产品）	座	1	在用	佳能多功能传真机	台	10	在用
机器设备				**交通设备**			
卷板机	台	4	在用	奥迪 A6 轿车	辆	2	在用
折弯机	台	8	在用	帕萨特 B5 轿车	辆	2	在用
自动埋弧焊机	台	10	在用	金杯海狮面包车	辆	1	在用
重型钢板轧平机	台	6	在用	解放平板货车	辆	2	在用
数控钻机	台	6	在用				
液压平板车	台	6	在用				
	台	1	（1）标记"银行贷款抵押资产" （2）在用				
	台	1	在用				

4．假定固定资产的产权证书齐全、真实（其中办公楼的产权证上有贷款抵押记载）。

5．假定长期借款的实际利率与合同利率相同。

6．假定平安公司没有与关联方发生往来交易。

7．假定行业一年内应收款项坏账损失率平均为 5％。

8．假定存货未发生减值。

9．假定本期无以前年度已全额计提坏账准备，或计提坏账准备的比例较大的，但在本年度又全额或部分收回的应收款项；本期无通过重组等其他方式收回的应收款项；本期无实际核销的应收款项。

10．营业外支出/捐赠支出，设计中国红十字基金会等慈善机构出具的公益性捐赠凭据（提示：在 500 万元额度内设定任意金额，并在所得税费用审计时加以考虑）。

11．假定第二章"二、被审计单位会计资料及其他相关资料"中"（七）其他相关资料"中的信息都是真实正确的。

1.5.3　关于审计过程的情形设定

1．2022 年 5 月 5 日，上海信海会计师事务所与上海振兴港口机械有限公司（简称振兴公司）达成年报审计意向，并开展初步业务活动，最终信海会计师事务所接受委托，按照中国注册会计师审计准则对振兴公司的 2022 年财务报表（包括资产负债表、利润表、现金流量表、所有者权益变动表、财务报表附注）进行审计。

2．本次审计为信海会计师事务所首次接受委托对振兴公司进行审计，振兴公司 2021 年财务报表由北京信托计师事务所审计，因北京信托会计师事务所业务繁忙，振兴公司董事会决议变更审计机构，经振兴公司同意，信海会计师事务所已就振兴公司 2021 年的审计事项与北京信托会计师事务所进行了沟通，评价其专业能力和独立性，其结果令人满意，已证实财务报表 2022 年年初余额不存在对本年财务报表有重大影响的错报和漏报。因此，本次审计不专门对振兴公司财务报表年初余额进行全面审计。

3．2022 年 5 月 15 日，双方签订审计业务约定书。

4．在审计业务约定书中可以约定提供管理建议书，也可以没有此项约定。

5．双方约定 2023 年 4 月 22 日前会计师事务所提交审计报告。

6．注册会计师确定可接受的审计风险水平为 3%。

7．根据了解到的被审计单位的情况，注册会计师职业判断确定重要性水平的基准及比率，如资产总额的 0.5%，收入的 0.2%，或者净利润的 2%。

8．针对销售业绩评价控制进行了解、测试时，抽查了 8—12 月的销售业绩评价，发现 11 月、12 月两个月的销售预算差异分析报告，财务部长与销售部长均已签字，但在询问销售部长时，发现他对分析报告中明显异常差异的原因并不清楚，且不能做出合理的解释。

9．2022 年 12 月 31 日监盘库存现金，指导教师可以结合教学情况，指导学生分组或依次轮流模拟以下几种情形：

（1）账实相符；

（2）长款；

（3）短款。

10．2022 年 12 月 31 日监盘存货（情形设定略）。

11．2022 年 1 月 8 日观察固定资产（情形设定略）。

12．2022 年 1 月 4 日函证应收账款、应付账款、往来单位的资料可以从第二章"二、被审计单位会计资料及其他相关资料"中的"（七）其他相关资料"中获得，关于外部第三方函证结果的情形设定，指导教师可以结合教学情况，指导学生分组或依次轮流模拟以下几种情形。

（1）函证结果相符。

（2）函证结果不符，例如：

① 武汉铁锚焊接材料销售有限公司回函内容如下："所购电焊条金额 156 080.93 元系目的地交货，所以截至 12 月 31 日，本公司只欠贵公司 200 000 元。"

② 新华商贸回函内容如下："我公司于 2022 年 12 月 31 日购买混合氧货款 15 600 元，至今尚未收到所购货物，所以截至 2022 年 12 月 31 日我公司并未欠贵公司

15 600 元。"

③ 回函寄至被审计单位财务部,由财务部会计人员转交给审计项目组,回函结果显示函证信息相符。

④ 两次发函,均未收到回函。

⑤ 无法执行函证,但可执行替代审计程序(检查日后收款、检查原始凭证等),例如,应收账款的债务人上海振信新帅有限公司无法获得其通信地址及联系方式。

⑥ 无法执行函证,又无法执行替代审计程序。

13. 2023 年 1 月 6 日函证银行存款,关于开户行函证结果的情形设定可以考虑设计以下几种情况。

(1) 函证结果相符。

(2) 建行存在固定资产抵押借款,抵押物为办公楼、机器设备。

14. 第二章"二、被审计单位会计资料及其他相关资料"中的"(七)其他相关资料"的交易提示,可视作经询问获取的管理层对会计处理的解释。

1.5.4　关于审计结论的情形设定

结合教学情况,指导教师可指导学生分组或轮流模拟以下几种情况,判断审计意见类型:

1. 2023 年 4 月 18 日注册会计师完成了审计工作,获取了充分、适当的审计证据,足以对已审的财务报表发表审计意见。

(1) 对于发现的所有应予调整和披露的事项,被审计单位均同意调整或披露。

(2) 对于发现的应予调整和披露的事项,被审计单位部分或全部未接受调整建议。评估未更正错报影响是否重要及重要程度。

2. 审计范围(局部)受限(例如:应收账款无法函证、存货无法监盘且不能执行替代审计程序等),评估审计范围受限是否严重及严重程度。

1.6　实　训　活　动

活动要求

- 简单论述审计模拟实训的内容
- 了解审计模拟实训的要求

活动内容

- 【训练 1】简单论述审计模拟实训的内容

·【训练2】简单论述审计模拟实训的要求

活动评价

【训练1】简单论述审计模拟实训的内容

审计模拟实训包括以下内容。

实训 1. 接受业务与编制审计计划

实训 2. 销售和收款循环审计工作底稿编制

实训 3. 采购与付款循环审计工作底稿编制

实训 4. 生产循环审计工作底稿编制

实训 5. 筹资与投资审计工作底稿编制

实训 6. 货币资金审计工作底稿编制

实训 7. 特殊项目审计工作底稿编制

实训 8. 汇总审计工作底稿的编制

实训 9. 审计报告工作底稿的编制

【训练2】简单论述审计模拟实训的要求

审计模拟实训要达到以下三方面的目标。

（一）能力目标

1. 学生熟悉各种循环审计程序；

2. 学生能够熟悉掌握审计业务的操作流程和操作要领；

3. 学生能够根据审计结果及调整情况编制各种意见类型的审计报告。

（二）素质目标

1. 学生拥有较强的口头与书面表达能力；

2. 学生拥有团队协作精神和较强的沟通协调能力；

3. 学生拥有良好的心理素质和克服困难的能力。

（三）知识目标

1. 学生掌握销售和收款循环审计；

2. 学生掌握采购和付款循环审计；

3. 学生掌握货币资金审计；

4. 学生掌握撰写审计报告。

本 章 小 结

审计模拟实训的目标可以概括为三个方面：通过审计模拟实训，使学生了解注册会计师财务报表审计的整个流程，能动手编制审计工作底稿，增强对审计流程的感性认知；通过审计模拟实训，使学生在指导教师的启发下，按照现代风险导向审计理念，保持职业怀疑,能够识别、评估并应对重大错报风险。通过审计模拟实训,使学生在系统全面地掌握审计的基本技能的同时,加深其对审计理论的理解;锻炼学生的审计实践动手能力,为走向审计工作岗位奠定基础。

　　审计模拟实训包括以下内容。实训 1.接受审计业务与编制审计计划;实训 2.销售和收款循环审计工作底稿的编制;实训 3.采购与付款循环审计工作底稿的编制;实训 4.生产循环审计工作底稿的编制;实训 5.筹资与投资审计工作底稿的编制;实训 6.货币资金审计工作底稿的编制;实训 7.特殊项目审计工作底稿的编制;实训 8.汇总审计工作底稿的编制;实训 9.审计报告工作底稿的编制。

　　审计模拟实训要达到以下三方面的目标:能力目标、素质目标和知识目标。

第 2 章

被审计单位资料

学习目标

- 掌握被审计单位的基本资料
- 特别了解被审计单位的行业情况及企业内部控制制度

2.1 公司基本情况简介

公司名称	上海振兴港口机械有限公司	公司法定代表人	张三
地址	上海市沿江大道 1550 号	邮编	230000
电话	021-89123888	联系人	李四
电子信箱	custom@zhenxin.com	网址	www.zhenxin.com

上海振兴港口机械有限公司(简称振兴公司)成立于 2001 年 1 月,是由南方股份有限公司出资 60%、北方股份有限公司出资 40%设立的生产、销售港口机械产品的民营大型企业。公司注册资本为 40 000 万元,公司员工近 1 000 人,厂区占地面积 18 万平方米,厂房建筑面积 6 万平方米,有龙门式起重机和盾构两条生产线,总资产 1 亿元,公司经营范围是开发、制造和销售港口机械产品;主要产品有龙门式起重机和盾构两种产品有等级 28 种规格,公司注册商标是"振兴"。

2.2 公司股权结构及控制关系

南方股份有限公司占 60%,北方股份有限公司占 40%。

2.3 公司治理结构

振兴公司建立了以董事会为权力决策机构、经理层为执行机构,各司其职、各尽其责、相互协调、有效制衡的法人治理结构,能够有效保证公司生产经营各项工作的正常开展。董事会共 3 人,董事长为张三,董事会能够以合理谨慎的态度,勤勉尽责,维护公司整体利益;各董事能够按时出席董事会,认真阅读会议文件,主动调查研究以获取做出决策所需的资料和情况,并对所议事项表达明确的意见,认真阅读公司的财务报告及媒体对公司的有关报道,及时了解并持续关注公司经营管理状况,并及时向股东会报告公司经营管理中存在的问题。各位董事在控股股东处领取薪酬。公司相对于各控股股东在业务、人员、资产、机构、财务等方面都是独立完整的。

2.4　公司组织结构

公司组织机构如下图所示。

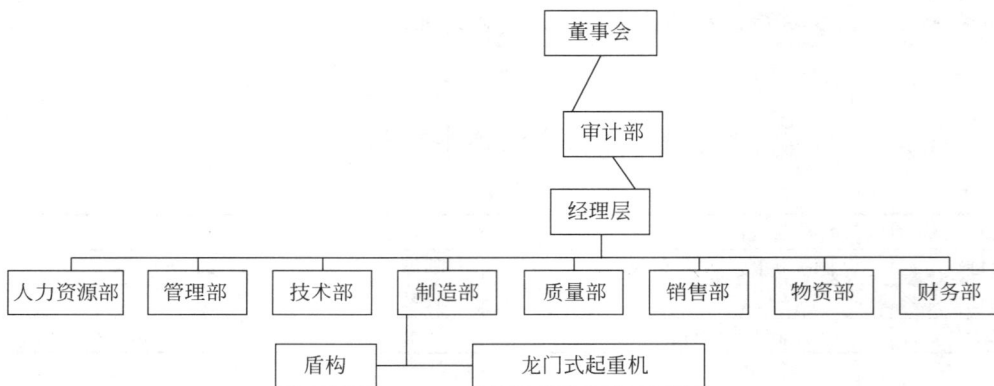

2.5　高级管理人员和员工情况

1. 高级管理人员

职　　位	姓　　名	分　　管
总经理	张强	全面、人力资源部
总工程师	王零	技术部、制造部、质量部
销售总监	张海波	销售部、物资部
财务总监	高岭	财务部
总经理助理	杜小车	管理部

2. 在职员工的人数

2022 年年末在职员工人数为 981 人,2021 年年末在职员工人数为 971 人。

3. 在职员工专业构成

生产服务人员 859 人,技术人员 55 人,行政人员 37 人,营销人员 25 人,财务人员 5 人。

4．在职人员教育程度

研究生及以上学历 2 人,本科 167 人,大专 358 人,中专 349 人,其他 105 人。

5．各部门员工人数

高管 5 人,管理部 17 人,人力资源部 10 人,审计部 5 人,财务部 5 人,技术部 55 人,物资部 19 人,销售部 25 人,质量部 9 人,制造部 831 人(其中龙门式起重机车间管理人员 6 人,生产工人 408 人;盾构车间管理人员 6 人,生产工人 411 人)。

6．会计核算概况

(1)财务部内部分工

财务经理是陆明,主管会计(兼审核)是李杰,出纳是王红。

(2)材料核算方法是按计划成本核算

(3)往来单位名称

应付账款的往来单位有四海钢铁有限公司和东风铸造有限公司;应收账款的往来单位有江南港口有限公司和华南港口有限公司;应收票据的往来单位北方港口有限公司。

(4)存货

存货包括原材料、生产成本(在产品)及库存商品。原材料包括主要材料(结构钢板、起重机悬臂吊等)和辅助材料(电缆、束节、接头、钢管等)。库存商品包括龙门式起重机、盾构。

(5)固定资产

企业的固定资产包括机器设备(卷板机、折弯机、自动埋弧焊机、重型钢板轧平机、数控钻床、液压平板车)、厂房,码头,运输设备等。

2.6　内部控制制度

企业的内部控制制度包括如下内容。

第一,本着合理保证企业经营管理合法合规、资产安全、财务报告及相关信息真实完整,提高经营效率和效果,促进企业实现发展战略的目标,考虑了控制环境、风险评估、控制活动、信息与沟通和内部监督五个基本要素,公司已经建立了比较全面的内部控制体系。

第二,公司设立审计部,对公司内部控制的设计与执行进行监督,定期对内部控制的健全有效性进行评估,以确保内部控制的有效运行。

第三,公司建立了对高级管理人员的考评及激励机制,公司根据年度生产、销售、效益等指标完成情况,按照公司员工绩效考核办法对高级管理人员进行考评,建立了高级管理人员的薪酬与经营目标挂钩的激励机制,2022 年激励方案规定,如果 2022 年度经营目标实现,高管人员可以获得净利润 10% 的奖励。

第四,企业文化,经营理念:诚信为本,创新为魂,节能减排,循环发展。企业愿景:打造现代化高效环保型机械企业,带动绿色机械产业。

第五,销售业务流程及相关控制措施。

第六,开户银行及账号。

企业基本存款户是中国工商银行上海市分行江南支行,银行账号是 1102 0245 6666 4567 999(19 位);一般存款户是中国建设银行上海市分行民生支行,银行账号是 43674 22345 67890 66666(20 位)。

第七,港口机械行业分析。

中国港口机械行业在全球占据重要地位,市场规模大、技术水平不断提升。尽管面临挑战,但在政策支持和市场需求推动下,未来发展前景广阔。

中国港口机械行业市场规模庞大,2022 年已经超过 500 亿元,总规模达 520 亿元人民币,全球占比超过 60%,稳居全球第一。2023 年增至 560 亿元,同比增长 7.7%,增速高于全球平均水平(约 5%)。在全球港口自动化趋势带来新需求、"一带一路"政策倡议提供新市场、绿色港口建设推动环保设备需求等情况下,未来几年中国的港口行业预计将保持 5%～7% 的年增长率。

未来中国港口机械行业将继续增长,自动化、智能化、绿色化是主要趋势。中国港口机械行业凭借规模优势、技术升级与政策红利,在全球竞争中占据主导地位。未来港口企业的发展将依赖以下三个方面:第一,港口的自动化与智能化,2030 年全球自动化码头数量翻倍,中国企业需提升软件系统(如 AI 调度算法)竞争力。第二,港口机械氢能技术,2025 年氢能港口机械或进入商业化阶段,试点项目已获国家专项基金支持。第三,行业新兴市场的开拓,东南亚、非洲港口升级需求旺盛,2025 年出口占比或提升至 65%。港口机械企业需加大技术研发,提升国际竞争力,抓住全球港口升级的机遇。

第八,公司经营状况。

公司注册资本 400 000 000 元,总资产 10 439 816 989.76 元,净资产 864 140 922.40 元。年销售收入 21 812 389 644 元,净利润 83 590 257 元,资金回报率接近 10%,流动资金 809 853 105.57 元。同时,因良好的业绩在金融领域取得良好的信誉,融资能力比较强,能够满足公司拓展业务的需要。

通过各种财务比率可以分析出偿债能力、资金周转能力和获利能力。从资产负债表可以得出资金回报率在 10% 以上,说明上海港口机械进出口有限公司的经营业绩良好,资产状况优良,主要指标呈现逐年增长趋势,竞争能力相对比较强,具有发展后劲。主要不足是融资渠道比较单一,财务管理还没有完成由核算型向战略管理型转变。

2022 年年初制定公司未来发展战略:在发展过程中着重提高企业的装备水平,加强管控,以市场为导向灵活经营,增强企业竞争能力,努力取得良好的经济效益,使企业不断发展壮大。

本 章 小 结

　　本章介绍了被审计单位的基本资料，包括被审计单位基本情况、公司股权情况及控制关系、公司的治理结构、公司的组织结构、高级管理人员与员工情况及内部控制制度。

思 考 题

1. 了解和掌握被审计单位的基本情况。
2. 了解和掌握被审计单位的内部控制制度。

第 3 章

常用的审计方法

🎯 学习目标

- 了解审计常用的各种方法

注册会计师在审计过程中审用的审计方法有审阅法、复核法、核对法、查询法、函证法、分析性复核、盘点法、调节法等。

3.1 审 阅 法

审阅法是指仔细地审查和阅读凭证、账簿、报表以及计划、预算、合同等书面资料,借以查明资料及其所反映的经济业务的真实性、合法性,从中发现错误、弊端或疑点,收集审计证据的一种方法。审阅法是在审计中应用最为广泛的一种技术方法。在财务审计中,主要是审阅会计凭证、会计账簿和会计报表。

(一)原始凭证的审阅

原始凭证的审阅主要包括:审阅原始凭证有无涂改或伪造现象,原始凭证记载的经济业务是否合理合法,原始凭证手续是否完善等。

(二)记账凭证的审阅

(1)合规性审阅,即有无以不符合手续的原始凭证作为填制记账凭证的依据。

(2)完整性审阅,即记账凭证的传递手续是否符合规定程序,有关人员是否全部签章。

(3)正确性审阅,即记账凭证的填制是否符合要求,如记账凭证上载明的所附原始凭证张数是否与原始凭证张数一致,记账凭证与自制发出凭证是否连续编号,所列会计分录是否正确,与其所反映的经济业务是否一致,是否正确计入总账、明细账等。

(4)证证核对,即记账凭证的有关内容与原始凭证所载内容是否一致。

(三)会计账簿的审阅

会计账簿的审阅重点是明细账。审阅内容如下。

（1）审阅各种账簿的启用、期初和期末余额的结转、承前页、转下页、月结和年结是否符合规定。

（2）审阅各种账簿登记的要素是否齐全。

（3）审阅各种账簿的摘要栏，特别要注意多栏式明细账簿的摘要栏是否真实、明确，是否与该项经济业务相符。

（4）审阅各种账簿借贷方登记是否正确，栏次是否登记正确。

（5）审阅各种支出明细账中记账的内容是否合理合法，有无将不应列支的费用，采用弄虚作假、巧立名目的手段，记入费用账户。

（四）会计报表的审阅

会计报表的审阅主要包括以下内容。

（1）会计报表编制是否符合国家颁布的企业会计准则和相关会计制度的规定。

（2）审阅各个会计报表之间有关事项有无勾稽关系，检查表表之间有勾稽关系项目金额是否一致。

（3）审阅会计报表附注是否对应予揭示的重大问题作了充分披露。

（五）其他相关资料的审阅

（1）审阅计划、预算和定额时，可结合上期制订的计划、预算及定额与实际的执行结果和完成情况，审阅计划、预算、定额的制定偏高还是偏低，是否适度，有无冒进或保守的情况，还要根据本期的计划、预算和定额的执行情况，查看各项指标是否完成。

（2）审阅合同时，主要审阅合同的签订是否合法，是否有效；审阅合同内容是否符合合同法的规定，合同条款是否齐全合同的签订手续是否完备，实际执行结果是否与合同一致等。

（3）审阅规章制度时，主要审阅单位内部制定的规章制度是否符合企业的实际情况，审阅内部控制制度是否健全等。

3.2　复　核　法

复核法是指审计人员对被审计单位经济活动的历史记录进行一次重复性的验算，即通过重新对会计凭证、会计账簿、会计报表有关数据的乘积、合计、百分比、比率值及其他指标进行计算，以证明原来的计算是否正确的一种方法。

复核的内容包括以下方面。

（1）原始凭证的复核。需要重新验算的内容是：数量与单价的乘积是否等于金额，金额合计是否正确；大小写是否一致。

（2）会计账簿的复核。需要重新验算的内容是：本期发生额合计以及期末余额的计算是否一致。

（3）会计报表的复核。主要验算表中各项目数字之和是否等于小计、合计数，以及表中百分比、比率值等指标的计算是否正确。

3.3　核　对　法

核对法是将被审计单位两个或两个以上的有关数据进行对照比较，用以确定其是否正确的一种审计方法。通过这种对照比较，可以查明证证、账证、账账、账表、表表之间是否相符，从而发现错误，揭露舞弊行为。在采用核对法时，主要核对下列内容。

1．原始凭证之间的核对

（1）核对相关原始凭证之间有关数据是否相符，如购货发票与验收单之间品种、规格、数量、单价、金额是否一致，又如核对销货发票与其存根是否相符，有无缺号现象等。

（2）核对原始凭证汇总表与原始凭证之间是否一致，包括凭证张数、金额合计及内容等是否相符。

2．证证核对

核对记账凭证与所附原始凭证之间是否一致，包括凭证张数、金额、合计及内容是否相符，核对记账凭证与总记账凭或科目汇总表是否一致。

3．账证核对

核对记账凭证是否已过入总分类账和有关明细分类账，过账以后的总分类账、明细账的金额是否与之相符，核对汇总记账凭证或科目汇总表与登入总分类账的金额是否相符，借贷方向是否一致。

4．账账核对

核对总账账户期末余额是否与所属明细账户期求余额之和相符，核对总分类账户的借方余额之和是否与贷方余额之和是否相符。

5．账表核对

核对总分类账和有关明细分类账的余额是否与会计报表里有关项目数额相符。

6．表表核对

核对各会计报表之间的相关数据是否相符。

7．内外核对

核对外来账单（如银行对账单）是否与本单位有关账目（如银行存款日记账）的记载相符。

8．各部门之间的核对

如核对账、卡、物是否相符。

审计人员运用核对法时,应对已经查核过的资料做出核对标记,表明这些账目已经审查,以免重查或漏查.查账中常用的三种核对标记分别是:①对账标记。核对结果正确的,审计人员用铅笔在被查资料数字右边,做"×"标记,核对结果错误的做"×"标记。有疑问的做"?"标记。②查讫戳记。审计人员在核查后盖上"查讫"字样的图章,表示这些报表和账簿已经查讫。③小标记。审计人员核对完毕在未发现问题的凭证单据上方画"○",表示这些凭证已审查完了。

在实务中,核对与复核往往同时运用于被查资料。

3.4　查　询　法

查询法是指审计人员对审计过程中所发现的疑点和问题,通过向有关人员询问和质疑等方式来证实客观事实或书面资料.取得审计证据的一种审计方法。在应用本方法时,需要注意以下事项:①要向知情人询问;②要有明确目的,并事先拟订好调查提纲;③做好记录;④如果作为重要证据使用,则应当请被调查者签名;⑤查询法获得的证据只能作为辅助证据,为进一步审计指明方向。

3.5　函　证　法

函证法是指通过向有关单位发函来了解情况取得审计证据的一种方法,一般用于往来款项的查证。

函证法有肯定式函证和否定式函证两种方式。肯定式函证又称积极式函证,即要求收信人(被函证人)对询证中的事项给予回函答复。对于重要事项的函证一般应采用这种方式。否定式函证则要求收信人对询证函中的事项有异议时才复函。询证函中应注明复函期限,过期后未复函则认为收信人对函证事项无异议。

函证工作应由审计人员直接办理,函件应由审计人员直接寄发和收取,不得委托被审计单位代办。函证内容应简明扼要,便于对方答复。

3.6　分析性复核

分析性复核,也称为分析性程序、分析法,是通过对会计资料及其他经济资料有关指标的计算、推理、分析和综合,以揭示有关经济指标(包括重要比率或趋势)变动是否存在异常,为下一步审计指明重点与方向的审计方法。分析法在审计工作中的运用比较广泛,在初步计划阶段,可帮助审计人员确定审计重点、基本程序、方法、时间和范围;在审计实施过程中,可用于符合性测试和实质性测试,既收集审计证据,又为下一步审计指明方向；在审计结论形成通过阶段，可帮助审计人员进一步判断审计结论的正确性和总体合理性。分析性复核常用方法有比较分析法、比率分析法、结构分析法和趋势分析法四种。

（一）比较分析法

比较分析法是通过某一会计报表项目与其既定标准的比较，以发现重要或异常变动项目的审计方法。它一般可包括本期末审计数与上期已审计数、本期计划数、预算数、同业标准或审计人员计算结果之间的比较等。

（二）比率分析法

比率分析法是通过将会计报表中的某项目相关的另一项目相比所得的比率进行分析，获取审计证据又提供进一步审计方向的一种技求方法。

（三）结构分析法

结构分析法是通过计算会计报表中每一个项目占某一项目的百分比，确定各个项目重要性程度而确定审计策略的技术方法。在资产负债表的结构分析中，一般以资产总额为基础，计算各项目占资产总额的百分比，在利润表中，一般以主管业务收入总额为基础，分别计算各项目占主营业务收入的百分比，并在此基础上，确定所要采用的审计策略。

（四）趋势分析法

趋势分析法是通过对若干期某一会计报表项目的变动金额及其百分比的计算，分析该项目的增减变动和方向和幅度，以获取有关审计证据和进一步审计线索的一种技术方法。

总之，在审计过程中，不能孤立地使用其中的某一种方法，而应当综合使用这些方法，从不同途径收集审计证据，通过审计证据之间互相补充和验证，提高审计证据的可靠性和增强审计证据的证明力。

3.7 盘 点 法

盘点法是指审计人员对被审计单位各项财产物资进行实地盘查，以确定其数量、品种、规格等实际状况，借以证实有关实物资产账户的结存数量是否真实、正确，从而收集实物证据的一种方法。盘点法主要应用于查明实物资产在某一时点的实有数量，如库存现金、有价证券、存货、固定资产产等的盘点。

（一）库存现金盘点

对库存现金进行盘点，是审计人员判断库存现金是否存在、记录是否恰当、账实是否相符的主要方法。盘点应采用突击方式,由单位指定人员清点,出纳人员和会计主管必须在场,审计人员监盘,如果盘存数与账面数有差异,应查明是否有未入账的收支凭证,经过调整后仍有差额即为现金盘盈或现金盘亏。对于差异,必须查明原因,有的差异必须进行账面调整,如借款凭证抵库的,应该计入其他应收款,并调整账面数额。

由于库存现金盘点日往往不是报表日,因此,要根据盘点日账面数额加、减自报表日至盘点日止的现金支出数和收入数,推算报表日应有的库存现金金额,与报表日库存现金数核对相符,库存现金盘点与核对的过程,通常以库存现金盘点表进行记录。

（二）有价证券盘点

有价证券盘点的目的是确认有价证券是否存在,并且是否归被审计单位所有。通常做法是审计人员会同被审计单位主管会计人员,盘点企业内部管理的所有库存有价证券,根据盘点结果分类编制"库存有价证券盘点表",在表中列明有价证券名称、数量、序号、票面价值和取得时的成本等,并与相关账户余额进行核对,如有差异应查明原因,并做出记录或进行适当调整。

需要说明的是:绝大部分企业对有价证券的保管采取托管方式。因此,注册会计师通常通过函证方式来验证被审计单位有价证券的存在性和所有权问题。

（三）存货盘点

根据存货审计要求,年终存货应进行盘点。盘点由被审计单位负责。由于存货盘点比较复杂,一般事先应有盘点计划,盘点计划应通知注册会计师,以便派人监盘。注册会计师除进行监盘外,还应要求客户提供一份盘点记录,即存货清单。在必要时,注册会计师应对盘点结果进行抽查。根据抽查结果,编制存货抽查情况。然后,据以记入存货余额明细表,作为确认存货余额的依据。

存货抽查情况表用来检查存货盘点的正确性,以便对盘点结果进行认定。如果注册会计师已参与盘点工作,则抽查比例可以低一点,否则抽查比例要高一些。如果企业年末未进行盘点,则可根据账面数抽查验证,但抽查比例应更高一些。

（四）固定资产盘点

审计人员对被审计单位固定资产的存在性和所有权问题的查证,通常是通过编制固定资产数量检查情况表来完成。审计人员采用实物盘点的方法,抽查年初余额和本年增加的固定资产是否账实相符;本年增加的固定资产还要核对原始凭证,看其手续是否齐全,计价是否正确。抽查本年减少的固定资产是否已经注销,凭证手续是否齐全。如果检查结果表明手续齐全,账实相符,则固定资产年末余额可以确认。如果被审计单位固定资产种类不多,每年增加或减少业务很少,固定资产数量检查情况表就可以按全部固定资产编辑,反之,如果被审计单位固定资产种类较多,增加或减少业务频繁,则只能按每一大类编制一张。

3.8　调　节　法

调节法是指在审查某个项目时,从一定出发点上的数据着手,将已发生正常业务而应增、应减的数字对该项目进行调整,从而求得需证实的数据的方法。当现有数据和需证实数据在表面上不一致时,为了证实数据是否正确,可用调节法。如对银行存款实存数的审查和证实财产物质账实是否相符时,就需用到调节法。

（一）银行存款余额调节表的编制

对银行存款实存数的审查,通常选用调节法编制银行存款余额调节表,对企业单位与开户银行双方所发生的未达账项进行增减调节,以便根据银行对账单的余额来验证企业单位银行存款账户的余额是否正确。银行存款余额调节表通常根据企业不同的银行账户及货币种类分别编制。

（二）财产物资账实是否相符的证实

审计人员在对财产物质的账存数和实存数进行检查验证时,常常会遇到盘点日与书面资料结存日不相同的情况,这就要求审计人员结合实物盘点,将盘点日与结存日之间新发生的出入数量来对结存日有关财产物质的结存数进行调节,以验证结存日财产物资账面数是否正确。调节公式如下:

结存日(账面资料日期)数量＝盘点日盘点数量＋结存日至盘点日发出数量－结存日至盘点日收入数量。

本　章　小　结

本章介绍了常用的审计方法。注册会计师在审计过程中常用的审计方法有审阅法、复核法、核对法、查询法、函证法、计算法、分析性复核、盘点法、调节法等。

思　考　题

1. 什么是盘点法?盘点法主要应用在哪些方面?
2. 什么是分析性复核?分析性复核常用方法有哪些?

第 **4** 章

被审计单位会计相关资料

学习目标

- 了解实训目标企业会计基本资料

4.1 实训目标企业会计科目表

上海振兴港口机械有限公司会计科目名称及编号如下表所示。

上海振兴港口机械有限公司会计科目名称及编号表

序号	科目代码	账户名称	序号	科目代码	账户名称
		一、资产类	22	1701	无形资产
1	1001	库存现金	23	1702	累计摊销
2	1002	银行存款	24	1703	无形资产减值准备
3	1012	其他货币资金	25	1811	递延所得税资产
4	1101	交易性金融资产	26	1901	待处理财产损益
5	1121	应收票据	27		二、负债类
6	1122	应收账款	28	2001	短期借款
7	1123	预付账款	29	2201	应付票据
8	1221	其他应收款	30	2202	应付账款
9	1231	坏账准备	31	2211	应付职工薪酬
10	1402	在途物资	32	2221	应交税费
11	1403	原材料	33	2241	其他应付款
12	1405	库存商品	34	2501	长期借款
13	1412	低值易耗品	35	2801	预计负债
14	1471	存货跌价准备	36	2901	递延所得税负债
15	1501	债权投资	37		三、所有者权益类
16	1511	长期股权投资	38	4001	实收资本
17	1512	长期股权投资减值准备	39	4002	资本公积
18	1601	固定资产	40	4003	其他综合收益
19	1602	累计折旧	41	4101	盈余公积
20	1603	固定资产减值准备	42	4103	未分配利润
21	1604	在建工程	43	4104	利润分配

续表

序号	科目代码	账 户 名 称	序号	科目代码	账 户 名 称
44		四、成本类	54	6401	主营业务成本
45	5001	生产成本	55	6402	其他业务成本
46	5101	制造费用	56	6403	税金及附加
47	5301	研发支出	57	6601	销售费用
48		五、损益类	58	6602	管理费用
49	6001	主营业务收入	59	6603	财务费用
50	6051	其他业务收入	60	6701	资产减值损失
51	6101	公允价值变动损益	61	6711	营业外支出
52	6111	投资收益	62	6801	所得税费用
53	6301	营业外收入	63	6901	以前年度损益调整

4.2　实训目标企业 11 月资产负债表及相关资料

上海振兴港口机械有限公司 2022 年 11 月 30 日总账数据资料如下表所示。

总账科目余额表

2022 年 11 月 30 日　　　　　　　　　　　　　　　　单位：元

编号	科目名称	借方余额	贷方余额
	资产类		
1001	库存现金	644 556.54	0
1002	银行存款	29 735 412.49	0
1012	其他货币资金	6 532 095.13	0
1101	交易性金融资产	1 676 176.43	0
1121	应收票据	118 772 605.13	0
1122	应收账款	146 149 501.20	0
1123	预付账款	16 531 604.32	0
1132	应收利息	61 312.13	0
1221	其他应收款	153 671 284.32	0
1231	坏账准备	0	412 216.21
1402	在途物资	1 132 103.65	0
1403	原材料	76 311 847.21	0
1405	库存商品	255 952 365.23	0
1412	低值易耗品	1 305 807.32	0
1471	存货跌价准备	0	3 321 149.32
1481	持有待售资产	5 131 416.16	0
1482	持有待售资产减值准备	0	21 616.16

续表

编号	科目名称	借方余额	贷方余额
1501	债权投资	1 623 111.30	0
1507	其他债权投资	166 496.16	0
1511	长期股权投资	1 356 545.32	0
1512	长期股权投资减值准备	0	351 362.23
1528	其他权益工具投资	4 511 212.15	0
1601	固定资产	9 580 204 466.98	0
1602	累计折旧	0	1 234 592 401.30
1603	固定资产减值准备	0	25 652 156.12
1604	在建工程	34 285 890.66	0
1701	无形资产	3 387 914.19	0
1702	累计摊销	0	151 552.30
1703	无形资产减值准备	0	131 356.16
1801	长期待摊费用	111 652.15	0
1811	递延所得税资产	0	0
1901	待处理财产损溢	0.00	0
5301	研发支出	561 613.59	0
	负债类		
2001	短期借款	0	1 820 000.00
2101	交易性金融负债	0	313 121.13
2201	应付票据	0	29 856 096.96
2202	应付账款	0	25 615 349.16
2203	预收账款	0	1 311 515.12
2211	应付职工薪酬	0	32 578 226.95
2221	应交税费	0	14 251 574.59
2232	应付利息	0	151 613.12
2241	其他应付款	0	6 361 604 584.62
2245	持有待售负债	0	115 549.21
2501	长期借款	0	1 807 650 000.00
2701	长期应付款	0	1 212 180.42
2801	预计负债	0	34 562 446.28
2901	递延所得税负债	0	0
	所有者权益类		
4001	实收资本	0	546 670 000.00
4002	资本公积	0	95 526 900.00
4003	其他综合收益	0	26 471 546.54
4101	盈余公积	0	11 576 104.20
4103	未分配利润	0	183 177 155.54
4401	其他权益工具	0	719 216.12
	合计	10 439 816 989.76	10 439 816 989.76

上海振兴港口机械有限公司 2022 年 11 月 30 日会计报表如下表所示。

资产负债表

编制单位：上海振兴港口机械有限公司　2022 年 11 月 30 日　　　　　　　　　　　单位：元

资　　　产	期初余额	负债和所有者权益	期初余额
流动资产：		流动负债：	
货币资金	36 912 064.16	短期借款	1 820 000.00
交易性金融资产	1 676 176.43	交易性金融负债	313 121.13
应收票据	118 772 605.13	应付票据	29 856 096.96
应收账款	146 149 501.20	应付账款	25 615 349.16
预付账款	16 531 604.32	预收账款	1 311 515.12
应收利息	61 312.13	应付职工薪酬	32 578 226.95
其他应收款	153 259 068.11	应交税费	14 251 574.59
存货	331 380 974.09	应付利息	151 613.12
持有待售资产	5 109 800.00	其他应付款	6 361 604 584.62
其他流动资产		持有待售负债	115 549.21
流动资产合计	809 853 105.57	其他流动负债	
		流动负债合计	6 467 617 630.86
非流动资产：			
债权投资	1 623 111.30	非流动负债：	
其他债权投资	166 496.16	长期借款	1 807 650 000.00
长期股权投资	1 005 183.09	长期应付款	1 212 180.42
其他权益工具投资	4 511 212.15	预计负债	34 562 446.28
固定资产	8 319 959 909.56	递延所得税负债	0
在建工程	34 285 890.66	其他非流动负债	
无形资产	3 105 005.73	非流动负债合计	1 843 424 626.70
长期待摊费用	111 652.15		
递延所得税资产	0	负债合计	8 311 042 257.56
待处理财产损溢	0	所有者权益：	
开发支出	561 613.59	实收资本	546 670 000.00
其他非流动资产		资本公积	95 526 900.00
		其他综合收益	26 471 546.54
非流动资产合计	8 365 330 074.39	盈余公积	11 576 104.20
		未分配利润	183 177 155.54
		其他权益工具	719 216.12
		所有者权益合计	864 140 922.40
资产合计	9 175 183 179.96	负债和所有者权益合计	9 175 183 179.96

上海振兴港口机械有限公司 2022 年 11 月 30 日明细账数据资料如下表所示。

明细账余额表

单位：元

银行存款明细账	
单　　位	金　　额
工商银行	9 515 113.11
招商银行	20 220 299.38
合　计	29 735 412.49

其他货币资金——存出投资款（补充）

单位：元

交易性金融资产	
名　　称	金　　额
成本	1 600 000.00
公允价值变动	76 176.43
合　计	1 676 176.43

应收票据明细账（补充）

单位：元

应收账款明细账	
单　　位	金　　额
东华港口有限公司	52 613 820.43
江南港口有限公司	45 306 345.37
华南港口有限公司	48 229 335.40
合　计	146 149 501.20

原材料明细账	
名　　称	金　　额
乙炔	32 050 975.83
电焊条	25 946 028.05
药芯焊丝	10 683 658.61
电器件	7 631 184.72
合　计	76 311 847.21

库存商品明细账	
名　　称	金　　额
龙门式起重机	166 369 037.40
盾构	89 583 327.83
合　计	255 952 365.23

续表

债权投资明细账

名　　　称	金　　　额
面值	1 136 177.91
利息调整	486 933.39
合计	1 623 111.30

其他债权投资明细账

名　　　称	金　　　额
成本	110 000.00
利息调整	39 547.31
公允价值变动	16 948.85
合计	166 496.16

长期股权投资明细账

名　　　称	金　　　额
成本	1 350 000.00
损益调整	6 545.32
合计	1 356 545.32

其他权益工具投资明细账

名　　　称	金　　　额
成本	4 500 000.00
公允价值变动	11 212.15
合计	4 511 212.15

固定资产明细账

名　　　称	金　　　额
房屋建筑物	4 864 153 493.94
机器设备	3 464 849 326.16
运输设备	1 251 201 646.88
合计	9 580 204 466.98

研发支出明细账

名　　　称	金　　　额
资本化支出	409 977.92
费用化支出	151 635.67
合计	561 613.59

续表

短期借款明细账

单　位	金　额
工商银行	820 000.00
招商银行	1 000 000.00
合计	1 820 000.00

应交税费明细账

税　种	金　额
应交增值税	8 613 946.55
应交城市维护建设税	1 616 346.16
应交所得税	3 689 165.46
应交教育费附加	332 116.42
合计	14 251 574.59

应付票据

单　位	金　额
苏橙公司	29 856 096.96
合计	29 856 096.96

应付账款明细账

单　位	金　额
上海兴隆钢结构制作有限公司	3 073 841.90
常熟恒富机械制造有限公司	2 561 534.92
江苏莱特钢板制造有限公司	3 586 148.88
上海高维机械有限公司	4 354 609.36
昆山市溶解乙炔有限公司	2 305 381.42
武汉铁鍿焊接材料销售有限责任公司	768 460.47
上海伟鼎电气科技有限公司	3 073 841.90
上海为富贸易有限公司	3 329 995.39
上海舜发建筑安装工程公司	1 793 074.44
凤琪实业有限公司	768 460.48
合计	25 615 349.16

其他应付款

名　称	金　额
保证金	2 035 713 467.08
社会保险费	1 526 785 100.31
住房公积金	2 799 106 017.23
合计	6 361 604 584.62

预收账款明细账

单　位	金　额
上海瑞生商贸公司	1 311 515.12
合计	1 311 515.12

续表

应付职工薪酬明细账

名　　称	金　　额
职工工资	10 425 032.62
职工教育经费	11 076 597.16
工会经费	11 076 597.16
社会保险费	
住房公积金	
合计	32 578 226.95

4.3　实训目标企业 12 月经济业务

上海振兴港口机械有限公司 2022 年 12 月发生下列经济业务。

【业务 1】　2022 年 12 月 1 日，签发现金支票一张，提取现金 15 000 元备用。（原始凭证：现金支票存根）

1-1　现金支票存根

中国工商银行

现金支票存根

10205689

00251238

附加信息：提取现金备用金

出票日期 2022 年 12 月 1 日

收款人：上海振兴港口机械有限公司
金额：15 000.00
用途：备用金

单位主管（章）　会计（章）

收　款　凭　证

凭式－141　11×20.8厘米（表）

借方

科目　现金　　　　　2022年12月1日　　　　现收　字第　1号

摘　　要	贷方总账科目	明　细　科　目	借或贷	金　　　　额									附单据
				千	百	十	万	千	百	十	元	角	分	
现金支票提取现金	银行存款	工商银行	√				1	5	0	0	0	0	0	
			√											
			√											1张
合　　　计							1	5	0	0	0	0	0	

财务主管　　记账　　出纳　　审核　　　　制单

【业务 2】　公司 12 月 1 日购入闵津有限公司同日发行的 3 年期公司债券。购入时工商账户支付价款 210 484 元(包括交易时的相关税费 400 元),划分为债权投资。债券票面价值总额为 200 000 元,票面年利率为 10％,市场利率为 8％。

（原始凭证：转账支票存根）

2-1　转账支票存根

中国工商银行

转账支票存根

10205689

00342218

附加信息：购入闵津有限公司债券

出票日期 2022 年 12 月 1 日

| 收款人：闵津有限公司 |
| 金额：210 484.00 |
| 用途：购买债券 |

单位主管（章）　会计（章）

付　款　凭　证

贷方
科目　银行存款　　　　　　　　2022年12月1日　　　　　银付　字第　01号

摘　要	借方总账科目	明　细　科　目	借或贷	金　　额										附单据
				千	百	十	万	千	百	十	元	角	分	
购入债券	债券投资	成本	✓			2	0	0	0	0	0	0	0	
		利息调整					1	0	4	8	4	0	0	1张
合　　计					2	1	0	4	8	4	0	0	

财务主管　　　记账　　　　出纳　　　　审核　　　　制单

式 — 142　　12×21厘米（支）

【业务 3】　12 月 1 日,上海振兴港口机械有限公司设备部王宣根因手术向振兴港口机械有限公司申请 20 000 元借款,借款已由银行转账支付。

（原始凭证：转账支票存根、借款单）

3-1 转账支票存根

中国工商银行

转账支票存根

10205689

00342218

附加信息：购入闵津有限公司债券

出票日期 2022 年 12 月 1 日

| 收款人：闵津有限公司 |
| 金额：210 484.00 |
| 用途：购买债券 |

单位主管（章）　会计（章）

3-2 借款单

借 款 单

2022　年 12 月　1　日

部门	设备部门
借款理由	手术借款
借款金额	人民币（大写）　　两万元整　　　　　¥　　20 000.00
领导批示：同意	财务主管（签章）

部门主管：（章）　出纳：（章）　领款人：王宣根

付 款 凭 证

贷方

科目　　银行存款　　　　　　2022年12月1日　　　　　银付　字第　02号

摘　　要	借方总账科目	明 细 科 目	借或贷	金　　　额										附单据
				千	百	十	万	千	百	十	元	角	分	
员工王宣根借款	其他应收款	个人往来	✓				2	0	0	0	0	0	0	2张
合　　　计							2	0	0	0	0	0	0	

财务主管　　　　记账　　　　　出纳　　　　　审核　　　　　　制单

【业务 4】　12 月 2 日,上海振兴港口机械有限公司与上海兴隆钢结构制作有限公司签订承包工程合同,约定由上海兴隆钢结构制作有限公司提供 A 岸桥项目码头甲板清理及撑杆安装等服务,税费合计为 79 062.42 元,款项未付。(原始凭证:结算审批单、增值税专用发票、承包工程合同)

4-1　结算审批单

承包合同结算审批单

2022 年 12 月 1 日

项目名称	合同内容	数量	重量(kg)	人工(工)	结算款	不含税价
A 岸桥项目	甲板清理及撑杆安装				79 062.42	68 157.26
总计金额	79 062.42	(大写:柒万玖仟零陆拾贰元肆角贰分)			79 062.42	68 157.26
分管副总 (签章)	生产部门 (签章)	核算合同部 (签章)		结算审核 (签章)	经办人 (签章)	施工方 (签章)

4-2　增值税专用发票

上海增值税专用发票
发　票　联

开票日期:2022 年 12 月 1 日

购货单位	名　　称:上海振兴港口机械有限公司 纳税人识别号:(略) 地址、电话:(略) 开户行及账号:(略)					密码区	(略)
货物或应税劳务名称 加工费	规格型号	单位	数量	单价	金额 68 157.26	税率 16%	税额 10 905.16
合计					￥68 157.26		￥10 905.16
价税合计(大写)	柒万玖仟零陆拾贰元肆角贰分					(小写)￥79 062.42	
销货单位	名　　称:上海兴隆钢结构制作有限公司 纳税人识别号:(略) 地址、电话:(略) 开户行及账号:(略)					备注	(略)

收款人:　　复核:　　开票人:(略)　　　　销货单位(章):

第三联:发票联　购货方记账凭证

4-3 承包工程合同（略）

转 账 凭 证

2022年12月1日　　　　　　　　　转字第　1　号

北京成文厚账簿卡片公司监制　丙式—143　12×21厘米（麦）

摘　要	总账科目	明细科目	√	借方金额 千百十万千百十元角分	√	贷方金额 千百十万千百十元角分	附单据
签订承包合同款项未付	合同履约成本	A岸桥项目	√	6 8 1 5 7 2 6			3 张
	应交税费	应交增值税		1 0 9 0 5 1 6	√		
	应付账款	上海兴隆钢结构制作有限公司				7 9 0 6 2 4 2	
合　　计				￥7 9 0 6 2 4 1		￥7 9 0 6 2 4 2	

【业务5】 2022年12月4日,上海振兴港口机械有限公司办公室陈姗姗报销快递费142元,快递费已由现金支付。（原始凭证：增值税专用发票、费用报销单）

5-1 增值税专用发票

上海增值税专用发票
发 票 联

开票日期：2022 年 12 月 2 日

购货单位	名　　称：上海振兴港口机械有限公司 纳税人识别号：（略） 地址、　电话：（略） 开户行及账号：（略）				密码区	（略）	
货物或应税劳务名称	规格型号	单位	数量	单价	金额	税率	税额
快递费					133.96	6%	8.04
合　计					￥133.96		￥8.04
价税合计（大写）	壹佰肆拾贰圆整				（小写）￥142.00		
销货单位	名　　称：上海兴隆钢结构制作有限公司 纳税人识别号：（略） 地址、　电话：（略） 开户行及账号：（略）			备注	（略）		

第三联：发票联　购货方记账凭证

收款人：　复核：　　　　　　开票人：（略）　　　　销货单位（章）：

5-2 费用报销单

费用报销单

报销部门：办公室 2022 年 12 月 4 日   填单据及附件共____页

用途	金额（元）	备注			
快递费	142.00	备			
		注			
		部		领	
		门		导	
		审		审	
合计	142.00	核		批	
金额大写（人民币）：壹佰肆拾贰元整		原借款：0 元		应退余款：0 元	

会计主管：   会计：   出纳：   报销人：   领款人：

付 款 凭 证

贷方 科目___现金___   2022年12月4日   现付 字第 01号

式－142

12×21厘米（表）

摘要	借方总账科目	明细科目	借或贷	金额								
				千	百	十	万	千	百	十	元	角	分
办公室报销快递费	管理费用	办公费	✓						1	4	2	0	0
合 计									1	4	2	0	0

附单据 2 张

财务主管   记账   出纳   审核   制单

【业务6】 12 月 7 日，企业接受中国启航汽车股份有限公司捐赠汽车一辆，价款 200 000 元，增值税 32 000 元。（原始凭证：增值税专用发票）

6-1 增值税专用发票

上海市增值税专用发票
发票联

第三联：发票联　购货方记账凭证

开票日期：2022 年 12 月 5 日

购货单位	名　　　称：上海振兴港口机械有限公司							
	纳税人识别号：（略）					密码区		（略）
	地址、　电话：（略）							
	开户行及账号：（略）							

货物或应税劳务名称	规格型号	单位	数量	单价	金额	税率	税额
接受捐赠					200 000.00	16%	32 000.00
合计							

价税合计（大写）	贰拾叁万贰仟元整（小写）¥232 000.00

销货单位	名称：中国启航汽车股份有限公司		
	纳税人识别号：	备注	
	地址、电话：		
	开户行及账号：		

收款人：　　　复核：　　　开票人：　　　　　　销货单位（章）：

转 账 凭 证

2022年12月5日　　　　转字第　02—　号

丙式—143
北京成文厚账簿卡片公司监制
12×21厘米麦

摘要	总账科目	明细科目	✓	借方金额 千百十万千百十元角分	✓	贷方金额 千百十万千百十元角分
接受汽车捐赠	固定资产	运输设备	✓	2 0 0 0 0 0 0 0		
	应交税费	应交增值税	✓	3 2 0 0 0 0 0		
	营业外收入					2 3 2 0 0 0 0 0
合　　计				¥2 3 2 0 0 0 0 0		¥2 3 2 0 0 0 0 0

附单据 1 张

财务主管　　　记账　　　出纳　　　审核　　　制单

【业务7】 12月8日,支付价款1 951 960元购入保利地产股票,发生交易费用9 600元,股票每股9.8元,共198 200股,并将其划分为交易性金融资产。（原始凭证：交易单）

7-1　交易单

成交日期	股票代码	名称	操作	成交量	成交均价（元）	成交金额（元）
2022/12/08	600048	保利地产	买入	198 200	9.8	1 951 960

付 款 凭 证

贷方科目　银行存款　　　　　2022年12月8日　　　　　　银付　字第　03号

式－142

12×21厘米（支）

摘　要	借方总账科目	明细科目	借或贷	金　额										
				千	百	十	万	千	百	十	元	角	分
购买保利地产股票	交易性金融资产	成本	√		1	9	4	2	3	6	0	0	0
	投资收益		√					9	6	0	0	0	0
			#										
合　计					1	9	5	1	9	6	0	0	0

附单据 2 张

财务主管　　　记账　　　出纳　　　审核　　　制单　刘骁

【业务8】 11月签发的应付票据，12月9日12 600元的汇票到期支付，承兑银行转来的付款通知。账务处理流程：会计人员根据银行转账凭证等登记各明细账及总账。（原始凭证：银行付款通知、转账支票存根）

8-1　银行付款通知

托收凭证（付款通知）

委托日期：2022 年 11 月 9 日　　　付款日期 2022 年 12 月 9 日

此联是付款人开户银行给付款人按期付款的通知

业务类型		委托收款（□邮划、□电划）　　托收承付（　邮划、□电划）　　□											
收款人	全称	苏橙公司		付款人	全称	上海振兴港口机械有限公司							
	账号	1102 0245 8888 4557 000			账号	1102 0245 6666 4567 999							
	地址				地址	上海市　沿江大道　1550 号							
金额	人民币（大写）：壹万贰仟陆佰元整				亿	千	百	十	万	千	百	十	元 角 分
								￥	1	2	6	0	0 0 0
款项内容	货款	托收凭证名称	银行承兑汇票		附寄单证张数		1						
商品发运情况				合同名称号码									

备注：
付款人开户银行收到日期：

　2022 年 12 月 9 日

复核　　　记账

付款人开户银行签章

付款人注意：
1.根据支付结算方法，上列委托款（托收承付）在付款期内未提出拒付，即视为同意付款，以此代付款通知。
2.如需提出全部或部分拒付，应在规定期内，将拒付理由书并附证明退交开户银行。

8-2 转账支票存根

```
┌─────────────────────────────────────┐
│              中国工商银行              │
│              转账支票存根              │
│               10205689               │
│               00342220               │
│         附加信息：                    │
│                                      │
│                                      │
│         出票日期2022年12月9日          │
│      ┌──────────────────────┐        │
│      │ 收款人：苏橙公司        │        │
│      ├──────────────────────┤        │
│      │ 金额：12 600          │        │
│      ├──────────────────────┤        │
│      │ 用途：支付货款         │        │
│      └──────────────────────┘        │
│       单位主管（章） 会计（章）         │
└─────────────────────────────────────┘
```

付　款　凭　证

贷方科目　__银行存款__　　　2022年12月9日　　　银付　字第　04号

摘　　要	借方总账科目	明　细　科　目	借或贷	金　　额									
				千	百	十	万	千	百	十	元	角	分
应付票据到期支付	应付票据	苏橙公司	✓			1	2	6	0	0	0	0	0
合　　　　计						1	2	6	0	0	0	0	0

式－142　　12×21厘米（支）　　附单据 2 张

财务主管　　　记账　　　出纳　　　审核　　　制单

【业务9】　12月10日，公司自公开市场购入中国交建股票216 500 股，每股11.20 元，实际支付价款2 424 800 元。公司将该股票投资分类为以公允价值计量且其变动计入其他综合收益的金融资产。（原始凭证：交易单）

9-1 交易单

成交日期	股票代码	名称	操作	成交量	成交均价（元）	成交金额（元）
2022/12/10	601800	中国交建	买入	216 500	11.2	2 424 800

付 款 凭 证

贷方
科目 ___银行存款___　　　　2022年12月10日　　　　　　银付　字第　05号

式 — 142

摘　　要	借方总账科目	明 细 科 目	借或贷	金　　额										
				千	百	十	万	千	百	十	元	角	分	
购买中国交建股票	其他权益工具投资	成本	✓		2	4	2	8	0	0	0	0	0	附单据
														2 张
合　　　计					2	4	2	8	0	0	0	0	0	

12×21厘米（支）

财务主管　　　　记账　　　　出纳　　　　审核　　　　　　制单　施俊军

【业务10】　12月10日，上缴上月的社会保险费和住房公积金。

（原始凭证：11月保险费和住房公积金结算表、转账支票存根、社会保险费缴费申报表、社会保险费缴费凭证）

10-1　11月保险费和住房公积金结算表（自行编制）

部门	明细	职工人数	缴费基数	企业负担保险 34%	企业负担公积金 7%	个人负担保险 11%	个人负担公积金 7%	应缴社会保险费合计	应缴住房公积金合计
制造车间	管理人员	20	100 600.00						
	生产工人	240	812 300.00						
	小计	260	912 900.00						
管理部门		8	88 500.00						
销售部门		10	57 300.00						
合计		278	1 058 700.00						

10-2　转账支票存根（自行填写金额）

```
                招商银行
              转账支票存根
               23521567
               30155088

        附加信息




        出票日期 2022 年 12 月 10 日
     ┌──────────────────────────┐
     │ 收款人：上海市住房公积金管理中心 │
     ├──────────────────────────┤
     │ 金额：                    │
     ├──────────────────────────┤
     │ 用途：住房公积金           │
     └──────────────────────────┘
        单位主管（章）  会计（章）
```

10-3   社会保险费缴费申报表

社会保险费缴费申报表

填表日期：2022 年 12 月 10 日

缴费单位(人)全称		上海振兴港口机械有限公司		缴费所属期间：2022 年 11 月 1 日至 2022 年 11 月 30 日					
费别	项目	缴费人数	缴费基数	缴费率	应缴金额	批准缓缴金额	已缴金额	实缴金额	欠缴金额
		(1)	(2)	(3)	(4)=(2)×(3)	(5)	(6)	(7)	(8)
基本养老保险	单位	278	1 058 700.00	20%	211 740.00			211 740.00	
	个人	278	1 058 700.00	8%	84 696.00			84 696.00	
医疗保险费	单位	278	1 058 700.00	10%	105 870.00			105 870.00	
	个人	278	1 058 700.00	2%	21 174.00			21 174.00	
失业保险费	单位	278	1 058 700.00	2%	21 174.00			21 174.00	
	个人	278	1 058 700.00	1%	10 587.00			10 587.00	
工伤保险费		278	1 058 700.00	1%	10 587.00			10 587.00	
生育保险费		278	1 058 700.00	1%	10 587.00			10 587.00	
合计				45%	476 415.00			476 415.00	
如缴费单位(人)填报,请填写下列各栏				如委托代理人填报,请填写下列各栏					
单位(人) (盖章)		经办人 (盖章)		代理人名称 代理人地址			代理人 (盖章)		

10-4   社会保险费缴费凭证

转账日期：2022 年 12 月 10 日

纳税人识别号			
付款人全称：	上海振兴港口机械有限公司		
付款人账号：	6225 1234 5678 111	征收机关名称：	上海市社保局
付款人开户银行：	招商银行上海市分行东方支行	收款国库(银行名称)	
小写(合计)金额：	476 415.00	缴款书交易流水号	
大写(合计)金额：	肆拾柒万陆仟肆佰壹拾伍元整	税票号码	
税(费)种名称：		所属时期	实缴金额
基本养老保险基金	20%+8%=28%	20221101-20221130	296 436.00
基本医疗保险基金	10%+2%=12%	20221101-20221130	127 044.00
失业保险基金	2%+1%=3%	20221101-20221130	31 761.00
工伤保险基金	1%	20221101-20221130	10 587.00
生育保险基金	1%	20221101-20221130	10 587.00

参考答案：

10-1   11 月保险费和住房公积金结算表

部门	明细	职工人数	应付职工薪酬	缴费基数	企业负担保险 34%	企业负担公积金 7%	个人负担保险 11%	个人负担公积金 7%	应缴社会保险费合计	应缴住房公积金合计
制造车间	管理人员	20	115 200.00	100 600.00	34 204.00	7 042.00	11 066.00	7 042.00	45 270.00	14 084.00
	生产工人	240	925 260.00	812 300.00	276 182.00	56 861.00	89 353.00	56 861.00	365 535.00	113 722.00
	小计	260	1 040 460.00	912 900.00	310 386.00	63 903.00	100 419.00	63 903.00	410 805.00	127 806.00
管理部门		8	102 820.00	88 500.00	30 090.00	6 195.00	9 735.00	6 195.00	39 825.00	12 390.00
销售部门		10	68 320.00	57 300.00	19 482.00	4 011.00	6 303.00	4 011.00	25 785.00	8 022.00
合计		278	1 211 600.00	1 058 700.00	359 958.00	74 109.00	116 457.00	74 109.00	476 415.00	148 218.00

10-2　转账支票存根

```
招商银行
转账支票存根
23521567
30155088

附加信息




出票日期 2022 年 12 月 10 日
收款人：上海市住房公积金管理中心
金额：148 218.00
用途：住房公积金
单位主管（章）　会计（章）
```

付　款　凭　证

贷方科目　银行存款　　　2022年12月10日　　　银付　字第　06号

式－142

12×21厘米（长）

摘　要	借方总账科目	明　细　科　目	借或贷	金　额 千 百 十 万 千 百 十 元 角 分	附单据
付11月的社保及住房公积金	其他应付款	社会保险费	✓	4 7 6 4 1 5 0 0	5张
		住房公积金	✓	1 4 8 2 1 8 0 0	
合　　计				6 2 4 6 3 3 0 0	

财务主管　　　记账　　　出纳　　　审核　　　制单 施俊军

【业务 11】 12 月 11 日,按照合同约定由常熟市恒富机械制造有限公司为公司 A 岸桥项目提供注浆槽机加工服务,加工费税费合计 230 881.64 元,款项尚未支付。(原始凭证:结算审批单、增值税专用发票)

11-1 结算审批单

承包合同结算审批单

2022 年 12 月 15 日

项目名称	合同内容	数量	重量(kg)	人工(工)	结算款	不含税价
其他项目(盾构)	注浆槽机加工服务				230 881.64	199 035.90
总计金额	230 881.64	(大写:贰拾叁万零捌佰捌拾壹元陆角肆分)			230 881.64	199 035.90
分管副总(签章)	生产部门(签章)	核算合同部(签章)	结算审核(签章)	经办人(签章)	施工方(签章)	

11-2 增值税专用发票

上海增值税专用发票

发 票 联

开票日期:2022 年 12 月 13 日

购货单位	名　　称:上海振兴港口机械有限公司 纳税人识别号:(略) 地址、电话:(略) 开户行及账号:(略)				密码区	(略)	
注浆槽机加工服务	规格型号	单位	数量	单价	金额 199 035.90	税率 16%	税额 31 845.74
合计					￥199 035.90		￥31 845.74
价税合计(大写)	贰拾万零捌佰捌拾壹元陆角肆分					(小写)￥230 881.64	
销货单位	名　　称:常熟市恒富机械制造有限公司 纳税人识别号:(略) 地址、电话:(略) 开户行及账号:(略)			备注	(略)		

收款人: 复核: 开票人:(略) 销货单位(章):

第三联:发票联 购货方记账凭证

转　账　凭　证

2022年12月11日　　　　　　　　　转字第　0 3 —　号

摘　　要	总账科目	明细科目	✓	借方金额 千百十万千百十元角分	✓	贷方金额 千百十万千百十元角分
恒富公司提供服务款项未付	合同履约成本	A岸桥项目	✓	1 9 9 0 3 5 9 0		
	应交税费	应交增值税	✓	3 1 8 4 5 7 4		
	应付账款	恒富机械公司			✓	2 3 0 8 8 1 6 4
合　　　　计				¥2 3 0 8 8 1 6 4		¥2 3 0 8 8 1 6 4

附单据 2 张

财务主管　　　记账　　　出纳　　　审核　　　制单

【业务12】 12月11日,按照合同约定由江苏莱特钢板制造有限公司为B龙门吊项目提供格栅板踏步板加工服务,加工费税费合计145 219.81元,款项尚未支付。(原始凭证:结算审批单、增值税专用发票)

12-1　结算审批单

承包合同结算审批单

2022 年 12 月 16 日

项目名称	合同内容	数量	重量(kg)	人工(工)	结算款	不含税价
B龙门吊项目	甲板清理及撑杆安装				145 219.81	125 189.49
总计金额	145 219.81	大写:拾肆万伍仟贰佰壹拾玖元捌角壹分			145 219.81	125 189.49
分管副总 (签章)	生产部门 (签章)	核算合同部 (签章)		结算审核 (签章)	经办人 (签章)	施工方 (签章)

12-2　增值税专用发票

上海增值税专用发票
发 票 联

开票日期：2022 年 12 月 13 日

购货单位	名　　　称：上海振兴港口机械有限公司 纳税人识别号：（略） 地址、电话：（略） 开户行及账号：（略）					密码区		（略）
甲板清理及撑杆安装	规格型号	单位	数量	单价	金额 125 189.49	税率 16%	税额 20 030.32
合计					￥125 189.49		￥20 030.32
价税合计（大写）	拾肆万伍仟贰佰壹拾玖元捌角壹分					（小写）￥145 219.81	
销货单位	名　　　称：江苏莱特钢板制造有限公司 纳税人识别号：（略） 地址、电话：（略） 开户行及账号：（略）			备注		（略）	

收款人：　　　　复核：　　　　开票人：（略）　　　　销货单位（章）：

转 账 凭 证

2022年12月10日　　　　　　　　转字第 0 4 号

北京成文厚账簿卡片公司监制　丙式—143　12×21（厘米麦）

摘要	总账科目	明细科目	✓	借方金额 千百十万千百十元角分	✓	贷方金额 千百十万千百十元角分
莱特公司提供服务款项未付	合同履约成本	B龙门项目	✓	1 2 5 1 8 9 4 9		
	应交税费	应交增值税	✓	2 0 0 3 0 3 2		1 4 5 2 1 9 8 1
	应付账款	莱特公司			✓	1 4 5 2 1 9 8 1
合　　计				￥1 4 5 2 1 9 8 1		￥1 4 5 2 1 9 8 1

附单据 2 张

财务主管　　　　记账　　　　出纳　　　　审核　　　　制单

【业务 13】　12 月 11 日,由上海高维机械有限公司为公司施工场所提供道路划线服务,服务费税费合计 222 680.17 元,已取得增值税发票,款项尚未支付。(原始凭证:增值税专用发票、划线汇总清单)

13-1　增值税专用发票

上海增值税专用发票
发 票 联

开票日期:2022 年 12 月 10 日

购货单位	名　　称:上海振兴港口机械有限公司 纳税人识别号:(略) 地址、电话:(略) 开户行及账号:(略)					密码区	(略)	
道路划线	规格型号	单位	数量	单价	金额 216 194.34		税率 3%	税额 6 485.83
合计					￥216 194.34			￥6 485.83
价税合计(大写)	贰拾贰万贰仟陆佰捌拾元壹角柒分					(小写)￥222 680.17		
销货单位	名　　称:上海高维机械有限公司 纳税人识别号:(略) 地址、电话:(略) 开户行及账号:(略)				备注	(略)		

收款人:　　　复核:　　　开票人:(略)　　　销货单位(章):

13-2　划线汇总清单

12 月份道路划线汇总表

序号	名　　称	长度(米)	单价(元)	金额(元)
1	道路划线	34 114	2.59	88 355.26
2	人行过道线、停车位线	28 205	2.88	81 230.40
3	废旧道路线遮盖	74 781	0.71	53 094.51
4				
5				
总合计				222 680.17

转 账 凭 证

2022年12月11日 转字第 05 号

摘 要	总账科目	明细科目	✓	借 方 金 额								✓	贷 方 金 额								
				千	百	十	万	千	百	十	元	角	分		千	百	十	万	千	百	十	元	角	分
高维机械提供服务款项未收	制造费用	B龙门项目	✓			2	1	6	1	9	4	3	4											
	应交税费	应交增值税	✓					6	4	8	5	8	3											
	应付账款	莱特公司												✓			2	2	2	6	8	0	1	7
合 计				¥		2	2	2	6	8	0	1	7		¥		2	2	2	6	8	0	1	7

财务主管　　　记账　　　出纳　　　审核　　　制单

附单据 2 张

【业务14】 12月12日,向东华港口有限公司销售产品,货款1 568 900元,增值税率16%,款项尚未收到。(原始凭证:增值税专用发票、发货单)

14-1 增值税专用发票

上海增值税专用发票

发 票 联

开票日期：2022 年 12 月 10 日

购货单位	名　　称：东华港口有限公司 纳税人识别号：（略） 地址、电话：（略） 开户行及账号：（略）	密码区	（略）

货物或应税劳务名称	规格型号	单位	数量	单价	金额	税率	税额
销售货物					1 568 900.00	16%	251 024.00
合计					￥1 568 900.00		￥251 024.00

价税合计（大写）	壹佰捌拾壹万玖仟玖佰贰拾肆元整	（小写）￥1 819 924.00

销货单位	名　　称：上海振兴港口机械有限公司 纳税人识别号：（略） 地址、电话：（略） 开户行及账号：（略）	备注	（略）

收款人：　　　复核：　　　开票人：（略）　　　销货单位（章）：

第三联：发票联　购货方记账凭证

14-2　发货单

出　库　单

收货单位：东华港口有限公司　　　　2022 年 12 月　12 日

编号	种类	产品名称	规格	型号	出库数量	单位	单价	成本总额
1		A 产品						1 568 900
备注：							合计	1 568 900

财务负责人：　　　　记账：　　　　收货人：　　　　填单：

转　账　凭　证

2022年12月12日　　　　　　转字第　06　号

北京成文厚账簿卡片公司监制
丙式—143
12×21 厘米麦

摘　　要	总账科目	明细科目	✓	借方金额 千百十万千百十元角分	✓	贷方金额 千百十万千百十元角分
东华港口提供服务款项未收	应收账款	东华港口	✓	1 8 1 9 9 2 4 0 0		
	应交税费	应交增值税			✓	2 5 1 0 2 4 0 0
	主营业务收入	全棉牛仔			✓	1 5 6 8 9 0 0 0 0
合　　计				￥1 8 1 9 9 2 4 0 0		￥1 8 1 9 9 2 4 0 0

财务主管　　　　记账　　　　出纳　　　　审核　　　　制单

附单据 2 张

【**业务 15**】　12 月 13 日，由上海兴隆钢结构制作有限公司为 A 岸桥项目提供结构件清洗服务，服务费税费合计 3 480.79 元，款项尚未支付。（原始凭证：结算审批单、增值税专用发票、承包合同）

15-1　结算审批表

承包合同结算审批单

2022 年 12 月 16 日

项目名称	合同内容	数量	重量(kg)	人工(工)	结算款	不含税价
A 岸桥项目	结构件清洗服务				3 480.79	3 000.68
总计金额	3 480.79	（大写：叁仟肆佰捌拾元柒角玖分）			3 480.79	3 000.68
分管副总 （签章）	生产部门 （签章）	核算合同部 （签章）		结算审核 （签章）	经办人 （签章）	施工方 （签章）

15-2　增值税专用发票

上海增值税专用发票
发　票　联

开票日期：2022 年 12 月 15 日

第三联：发票联　凭证　购货方记账

购货单位	名　　　称：上海振兴港口机械有限公司 纳税人识别号：（略） 地址、电话：（略） 开户行及账号：（略）				密码区	（略）		
结构件清洗服务	规格型号	单位	数量	单价	金额 3 000.68	税率 16%	税额 480.11
合　计					￥3 000.68		￥480.11
价税合计（大写）　　叁仟肆佰捌拾元柒角玖分					（小写）￥3 480.79		
销货单位	名　　　称：上海兴隆钢结构制作有限公司 纳税人识别号：（略） 地址、电话：（略） 开户行及账号：（略）				备注	（略）		

收款人：　　　　复核：　　　　　　开票人：（略）　　销货单位（章）：

转　账　凭　证

2022年12月12日　　　　　　　转字第　07—号

摘　　要	总账科目	明细科目	√	借方金额 千百十万千百十元角分	√	贷方金额 千百十万千百十元角分	附单据3张
接受兴隆服务款项未付	合同履约成本	A岸桥成本	√	3 0 0 0 6 8			
	应交税金	应交增值税 （进项税额）	√	4 8 0 1 1			
	应付账款	上海兴隆			√	3 4 8 0 7 9	
合　　　计				￥3 4 8 0 7 9		￥3 4 8 0 7 9	

财务主管　　　记账　　　　出纳　　　　　审核　　　　　制单

【**业务 16**】　12 月 13 日，申报并缴纳了上个月的增值税 990 000 元。（原始凭证：增值税纳税申报表、转账支票存根）

16-1　增值税纳税申报表

根据国家税收法律法规及增值税相关规定制定本表。纳税人不论有无销售额,均应按税务机关核定的纳税期限填写本表,并向当地税务机关申报。

税款所属时间:自 2022 年 11 月 01 日至 2022 年 11 月 30 日　填表日期 2022 年 12 月 13 日

增值税纳税申报表

（一般纳税人适用）

金额单位:元至角分

纳税人识别号	9	1	3	1	0	1	9	1	2	3	0	2	5	1	2	3	4	H

纳税人名称	上海振兴港口机械有限公司(公章)	法定代表人姓名		注册地址		生产经营地址	
开户银行及账号	中国工商银行上海市分行江南支行 1102 0245 6666 4567 999	登记注册类型		电话号码			

	项　目	栏次	一般项目		即征即退项目	
			本月数	本年累计	本月数	本年累计
销售额	（一）按适用税率计税销售额	1	990 000			
	其中:应税货物销售额	2				
	应税劳务销售额	3				
	纳税检查调整的销售额	4				
	（二）按简易办法计税销售额	5				
	其中:纳税检查调整的销售额	6				
	（三）免、抵、退办法出口销售额	7				
	（四）免税销售额	8				
	其中:免税货物销售额	9				
	免税劳务销售额	10				
税款计算	销项税额	11				
	进项税额	12				
	上期留抵税额	13			—	—
	进项税额转出	14				
	免、抵、退应退税额	15			—	—
	按适用税率计算的纳税检查应补缴税额	16				

续表

纳税人名称	上海振兴港口机械有限公司(公章)	法定代表人姓名		注册地址		生产经营地址	
开户银行及账号	中国工商银行上海市分行江南支行 1102 0245 6666 4567 999	登记注册类型		电话号码			

	项　目	栏次	一般项目 本月数	一般项目 本年累计	即征即退项目 本月数	即征即退项目 本年累计
税款计算	应抵扣税额合计	17=12+13-14-15+16				—
	实际抵扣税额	18(如17<11,则为17,否则为11)				—
	应纳税额	19=11-18				—
	期末留抵税额	20=17-18		—		—
	简易计税办法计算的应纳税额	21				—
	按简易计税办法计算的纳税检查应补缴税额	22				—
	应纳税额减征额	23				—
	应纳税额合计	24=19+21-23				—
税款缴纳	期初未缴税额(多缴为负数)	25		—		—
	实收出口开具专用缴款书退税额	26		—		—
	本期已缴税额	27=28+29+30+31				—
	分次预缴税额	28				—
	出口开具专用缴款书预缴税额	29				—
	本期缴纳上期应纳税额	30				—
	本期缴纳欠缴税额	31				—
	期末未缴税额(多缴为负数)	32=24+25+26-27		—		—
	其中:欠缴税额(≥0)	33=25+26-27		—		—
	本期应补(退)税额	34=24-28-29				—
	即征即退实际退税额	35		—		
	期初未缴查补税额	36		—		
	本期入库查补税额	37		—		
	期末未缴查补税额	38=16+22+36-37		—		

续表

纳税人名称	上海振兴港口机械有限公司(公章)	法定代表人姓名		注册地址		生产经营地址
开户银行及账号	中国工商银行上海市分行江南支行 1102 0245 6666 4567 999	登记注册类型		电话号码		
项　目			一般项目		即征即退项目	
栏次			本月数	本年累计	本月数	本年累计

申报人声明	本纳税申报表是根据国家税收法律法规及相关定规填报的,我确定它是真实的,可靠的,完整的。 声明人签字:
授权声明	如果你已委托代理人申报,请填写下列资料: 为代理一切税务事宜,现授权_____（地址）为本纳税人的代理申报人,任何与本申报表有关的往来文件,都可寄予此人。 授权人签字:

主管税务机关:　　　　　接收人:　　　　　接收日期:

16-2　转账支票存根

```
          招商银行
          转账支票存根
          20202345
          00342290

附加信息



出票日期 2022 年 12 月 13 日
┌─────────────────────────┐
│ 收款人：                  │
├─────────────────────────┤
│ 金额： 990 000.00        │
├─────────────────────────┤
│ 用途： 交增值税           │
└─────────────────────────┘
单位主管（章）　会计（章）
```

付　款　凭　证

贷方科目 __银行存款__　　　　2022年12月3日　　　　银付　字第　07号

摘　　要	借方总账科目	明　细　科　目	借或贷	金　　　额
				千 百 十 万 千 百 十 元 角 分
支付上个月增值税	应交税费	未交增值税	✓	9 9 0 0 0 0 0 0 0
合　　　计				9 9 0 0 0 0 0 0 0

式－142　　　12×21厘米（支）　　　附单据　2张

财务主管　　　记账　　　出纳　　　审核　　　制单　胡昆华

【业务 17】　12 月 13 日，申报并缴纳了上个月的城市维护建设税 69 300 元，教育费附加 28 700 元。（原始凭证：城建税和教育费附加申报表、转账支票存根）

17-1　城建税和教育费附加申报表

城建税、教育费附加、地方教育附加税（费）申报表

税款所属期限：自 2022 年 11 月 01 日至 2022 年 11 月 30 日　　　填表日期：2022 年 12 月 13 日

金额单位：元至角分

纳税人识别号 9 1 3 1 0 1 1 2 0 5 1 2 3 4 □ □

纳税人信息	名称			上海振兴港口机械有限公司					□单位　□个人		
	登记注册类型							所属行业	港航业		
	身份证件号码							联系方式			

税（费）种	计税（费）依据					税率（征收率）	本期应纳税（费）额	本期减免税（费）额		本期已缴税（费）额	本期应补（退）税（费）额
	增值税		消费税	营业税	合计			减免性质代码	减免额		
	一般增值税	免抵税额			5=1+2+3+4	6	7=5×6	8	9	10	11=7−9−10
	1	2	3	4							
城建税						6	69 300				
教育费附加							28 700				
地方教育附加											
合计			—	—		—	98 000				

以下由纳税人填写：

纳税人声明：此纳税申报表是根据《中华人民共和国城市维护建设税暂行条例》《国务院征收教育费附加的暂行规定》《财政部关于统一地方教育附加政策有关问题的通知》和国家有关税收规定填报的，是真实的、可靠的、完整的。

纳税人签章		代理人签章		代理人身份证号	
受理日期		年　　月　　日			

以下由税务机关填写：

受理人				受理税务机关签章	

本表一式两份，一份纳税人留存，一份税务机关留存。

减免性质代码：减免性质代码按照国家税务总局制定下发的最新《减免性质及分类表》中的最细项减免性质代码填报。

17-2　转账支票存根

```
                招商银行
               转账支票存根
               20202346
               00342291
          附加信息




          出票日期 2022 年 12 月 13 日
          ┌─────────────────────────┐
          │ 收款人：                 │
          ├─────────────────────────┤
          │ 金额：98 000.00          │
          ├─────────────────────────┤
          │ 用途：城市维护建设税及教育 │
          │ 费附加                   │
          └─────────────────────────┘
          单位主管（章）　会计（章）
```

付　款　凭　证

贷方
科目　　银行存款　　　　　　　2022年12月13日　　　　　　　银付　字第　08号

摘　　要	借方总账科目	明　细　科　目	借或贷	金　　额									
				千	百	十	万	千	百	十	元	角	分
缴纳上个月的城市维护建设费及教育费附加	应交税费	应交城市维护建设税	✓				6	9	3	0	0	0	0
		教育费附加	✓				2	8	7	0	0	0	0
合　　计							9	8	0	0	0	0	0

式－142　　　12×21厘米（支）

附单据　2张

财务主管　　　　记账　　　　　出纳　　　　　　审核　　　　　制单　胡昆华

【业务 18】　12 月 15 日，企业购买中国中车股票 60 000 股，成交股价为 8 元每股，企业作为短期投机持有。（原始凭证：交易单）

18-1　交易单

成交日期	股票代码	名称	操作	成交量	成交均价（元）	成交金额（元）
2022/12/15	601766	中国中车	买入	60 000	8	480 000

付 款 凭 证

贷方
科目___银行存款___　　　　2022年12月15日　　　　　银付　字第　09号

式-142

摘　　　　要	借方总账科目	明 细 科 目	借或贷	金　　额									
				千	百	十	万	千	百	十	元	角	分
购买中国中车股票	交易性金融资产	成本	✓		4	8	0	0	0	0	0	0	0
合　　　计					4	8	0	0	0	0	0	0	0

12×21厘米（竖）

附单据 1 张

财务主管　　　记账　　　出纳　　　审核　　　制单　胡昆华

【业务 19】　12 月 15 日，现金清查盘亏 250 元。（原始凭证：现金盘点表）

19-1　现金盘点表

库存现金盘点表

2022 年 12 月 15 日

实存金额	库存现金	实存与账存		备注
		盘盈（长款）	盘亏（短款）	
			250.00	

盘点人签章：　　　　　　　　　　　　　　　出纳员签章：

付 款 凭 证

贷方
科目___现金___　　　　2022年12月15日　　　　　现付　字第　02号

式-142

摘　　　　要	借方总账科目	明 细 科 目	借或贷	金　　额									
				千	百	十	万	千	百	十	元	角	分
现金短款	待处理财产损溢		✓						2	5	0	0	0
合　　　计									2	5	0	0	0

12×21厘米（竖）

附单据 1 张

财务主管　　　记账　　　出纳　　　审核　　　制单　胡昆华

【业务 20】 12 月 15 日,收到 A 岸桥项目合同价款 2 800 000 元。(原始凭证:银行进账单)

20-1　银行进账单

中国工商银行进账单 (收账通知)

2022 年 12 月 15 日

出票人	全称	江南港口有限公司		收款人	全称	上海振兴港口机械有限公司
	账号	(略)			账号	(略)
	开户银行	(略)			开户银行	(略)

金额	人民币(大写):贰佰捌拾万元整	亿	千	百	十	万	千	百	十	元	角	分
			¥	2	8	0	0	0	0	0	0	0

票据种类		票据张数	1	
票据号码				
复核记账				

此联是收款人开户银行交给收款人的收账通知

收 款 凭 证

借方科目　银行存款　　　2022年12月15日　　　银收　字第　1号

丙式－141　11×20.8厘米(长)

摘　　　要	贷方总账科目	明　细　科　目	借或贷	金　　额									附单据
				千	百	十	万	千	百	十	元	角	分	
收到A岸桥项目合同款	应收账款	江南港口有限公司	√		2	8	0	0	0	0	0	0	0	1张
合　　　　计					2	8	0	0	0	0	0	0	0	

财务主管　　　记账　　　出纳　　　审核　　　制单　胡昆华

【业务 21】 2021 年 12 月 15 日,上海振兴港口机械有限公司向昆山市溶解乙炔有限公司购买乙炔等原材料,收到了上海伟鼎电气科技有限公司开具的增值税发票,发票税费合计为 256 432.00 元,款项尚未支付。(原始凭证:增值税专用发票、材料验收入库单)

21-1　增值税专用发票

上海增值税专用发票

发 票 联

开票日期：　　　2022 年 12 月 13 日

购货单位	名　　　　称：上海振兴港口机械有限公司 纳税人识别号：（略） 地址、电话：（略） 开户行及账号：（略）					密码区	（略）	
货物或应税劳务名称 乙炔	规格型号	单位	数量	单价	金额 220 000.00	税率 16%	税额 35 200.00
合计							
价税合计（大写）	贰拾伍万伍仟贰佰元整（小写）￥255 200.00						
销货单位	名称：昆山市溶解乙炔有限公司 纳税人识别号： 地址、电话： 开户行及账号：				备注		

第三联：发票联　购货方记账凭证

21-2　材料验收入库单

原材料入库单

编号：2022 年 12 月 15 日

品名	规格型号	单位	数量	单价	金额	备注
乙炔		瓶	4 000	55	220 000.00	

主管：　　　　　仓库：　　　　　记账：　　　　　经手人：

转 账 凭 证

2022年12月15日　　　　　转字第　08— 号

摘　　　要	总账科目	明细科目	✓	借方金额 千百十万千百十元角分	✓	贷方金额 千百十万千百十元角分
购进乙炔原材料款项未付	原材料	乙炔	✓	2 2 0 0 0 0 0 0		
	应交税费	应交增值税		3 5 2 0 0 0 0		
	应付账款	溶解乙炔公司			✓	2 5 5 2 0 0 0 0
合　　　　　计				2 5 5 2 0 0 0 0		2 5 5 2 0 0 0 0

财务主管　　　　记账　　　　出纳　　　　审核　　　　制单

丙式—143

北京成文厚账簿卡片公司监制

12×21厘米（麦）

附单据 2 张

【业务 22】 2022 年 12 月 16 日,向南华港口有限公司销售产品,增值税率 16%,价税合计为 734 127.25 元,款项收到存入银行。(原始凭证:增值税专用发票、银行进账单)

22-1 增值税专用发票

上海增值税专用发票
发 票 联

开票日期:2022 年 12 月 14 日

购货单位	名　　　　称:南华港口有限公司 纳税人识别号:(略) 地址、电话:(略) 开户行及账号:(略)				密码区	(略)		
货物或应税劳务名称 销售货物	规格型号	单位	数量	单价	金额 632 868.32	税率 16%	税额 101 258.93	
合计					¥632 868.32		¥101 258.93	
价税合计（大写）	柒拾叁万肆仟壹佰贰拾柒元贰角伍分					(小写) ¥734 127.25		
销货单位	名　　　　称:上海振兴港口机械有限公司 纳税人识别号:(略) 地址、电话:(略) 开户行及账号:(略)				备注	(略)		

收款人:　　　　复核:　　　　开票人:(略)　　　　销货单位(章):

第三联:发票联 购货方记账凭证

22-2 银行进账单

中国工商银行进账单 (收账通知)

2022 年 12 月 16 日

出票人	全称	南华港口有限公司	收款人	全称	上海振兴港口机械有限公司									
	账号	(略)		账号	(略)									
	开户银行	(略)		开户银行	(略)									
金额	人民币(大写):柒拾叁万肆仟壹佰贰拾柒元贰角伍分					亿	千	百	十	万	千	百	十	元 角 分
									¥	7	3	4	1	2 7 2 5
票据种类		票据张数	1											
票据号码														
复核记账														

此联是收款人开户银行交给收款人的收账通知

收　款　凭　证

借方
科目　银行存款　　　　　2022年12月16日　　　　　银收　字第　2号

丙式－141　11×20.8厘米（麦）

摘　　要	贷方总账科目	明　细　科　目	借或贷	千	百	十	万	千	百	十	元	角	分	附单据
收到南华港口收入款	主营业务收入		√		6	3	2	8	6	8	3	2		2 张
	应交税费	应交增值税	√		1	0	1	2	5	8	9	3		
合　　　　计					7	3	4	1	2	7	2	5		

财务主管　　　记账　　　出纳　　　审核　　　制单　胡昆华

【业务23】　2022 年 12 月 17 日,上海振兴港口机械有限公司向上海东兴世界汽车销售服务有限公司支付生产车间皮卡车和集卡车维修费,价税合计为 98 946.96 元,开出转账支票支付。(原始凭证:转账支票存根、增值税专用发票、维修结算单)

23-1　转账支票存根

中国工商银行
转账支票存根
10205689
00342221

附加信息

出票日期 2022 年 12 月 17 日

收款人:上海东兴世界汽车销售服务有限公司

金额: 98 946.96

用途:维修费

单位主管(章)　会计(章)

23-2　增值税专用发票

上海增值税专用发票

发 票 联

开票日期：2022 年 12 月 19 日

<table>
<tr>
<td rowspan="3">购货单位</td>
<td colspan="6">名　　　　称：上海振兴港口机械有限公司</td>
<td rowspan="3">密码区</td>
<td rowspan="3">（略）</td>
<td rowspan="8">第三联：发票联　购货方记账凭证</td>
</tr>
<tr>
<td colspan="6">纳税人识别号：（略）</td>
</tr>
<tr>
<td colspan="6">地址、　电话：（略）
开户行及账号：（略）</td>
</tr>
<tr>
<td>货物或应税劳务名称</td>
<td>规格型号</td>
<td>单位</td>
<td>数量</td>
<td>单价</td>
<td>金额</td>
<td>税率</td>
<td>税额</td>
</tr>
<tr>
<td>维修费</td>
<td></td>
<td></td>
<td></td>
<td></td>
<td>85 299.10</td>
<td>16%</td>
<td>13 647.86</td>
</tr>
<tr>
<td>合计</td>
<td></td>
<td></td>
<td></td>
<td></td>
<td>￥85 299.10</td>
<td></td>
<td>￥13 647.86</td>
</tr>
<tr>
<td>价税合计（大写）</td>
<td colspan="5">玖万捌仟玖佰肆拾陆元玖角陆分</td>
<td colspan="2">（小写）￥98 946.96</td>
</tr>
<tr>
<td rowspan="3">销货单位</td>
<td colspan="5">名　　　　称：上海东兴世界汽车销售服务有限公司</td>
<td rowspan="3">备注</td>
<td rowspan="3">（略）</td>
</tr>
<tr>
<td colspan="5">纳税人识别号：（略）</td>
</tr>
<tr>
<td colspan="5">地址、　电话：（略）
开户行及账号：（略）</td>
</tr>
</table>

收款人：　　　　复核：　　　　开票人：（略）　　　　　　销货单位（章）：

23-3　维修结算单

上海市汽车维修收费结算单

维修单位：上海东兴世界汽车销售服务有限公司　　　　电话：

地址：

开户银行：

账号：

托修单位：上海振兴港口机械有限公司

委托书号：

车牌号码：

表1　收费结算单

序号	名称	金额（元）	优惠	实收（元）
1	工时费	895.00		895.00
2	材料费	9 000.70		9 000.70
3	外加工费	35 000.00		35 000.00
4	车辆牵引费	30 000.00		30 000.00
5	施救服务费	509.40		509.40

续表

表 1　收费结算单

序号	名称	金额(元)	优惠	实收(元)
6	其他	9 894.00		9 894.00
7	合计	85 299.10		85 299.10

表 2　工时费

序号	编码	名称	结算工时	单价(元/工时)	金额(元)
1		发动机修理	100	8.95	895.00
		合计:	100		895.00

表 2　材料清单

序号	编码	名称	数量	单价(元/工时)	单位	金额(元)
1		发动机大修包	2	342.00	套	684.00
2		曲轴止推片	2	14.00	套	28.00
3		校油泵油嘴	2	2 250.00	台次	4 500.00
4		涡轮增压器	1	2 850.00	件	2 850.00
5		全车皮带	2	135.00	套	270.00
6		三滤	2	145.00	套	290.00
7		水泵	2	189.35	件	378.70
		合计:	13			9 000.70

备注：小修所更换的配件质保期为 60 天或 10 000 公里。

付　款　凭　证

贷方科目＿＿＿　银行存款　　　　　2022年12月17日　　　　　银付　字第　10号

式—142

12×21厘米(竖)

摘　　要	借方总账科目	明　细　科　目	借或贷	千	百	十	万	千	百	十	元	角	分
支付汽车维修费	制造费用		✓			8	5	2	9	9	1	0	
	应交税金	应交增值税——进项税额	✓			1	3	6	4	7	8	6	
合　　　计						9	8	9	4	6	9	6	

财务主管　　　记账　　　出纳　　　审核　　　制单　刘骁

附单据　3　张

【业务 24】　12 月 17 日,上海振兴港口机械有限公司支付给上海东兴世界汽车销售服务有限公司车间运输车辆保养费,费用价税合计为 1 576.29 元,费用已经由银行转账支付。(原始凭证:银行转账凭证、增值税专用发票、维修结算单)

24-1　转账支票存根

```
┌─────────────────────────────────┐
│          中国工商银行            │
│          转账支票存根            │
│          10205689               │
│          00342222               │
│ 附加信息                         │
│                                 │
│                                 │
│                                 │
│ 出票日期 2022 年 12 月 17 日     │
├─────────────────────────────────┤
│ 收款人：上海东兴世界汽车销售服   │
│ 务有限公司                       │
├─────────────────────────────────┤
│ 金额：1 576.29                   │
├─────────────────────────────────┤
│ 用途：保养费                     │
├─────────────────────────────────┤
│ 单位主管（章）　会计（章）       │
└─────────────────────────────────┘
```

24-2　增值税专用发票

上海增值税专用发票

发 票 联

开票日期：2022 年 12 月 19 日

购货单位	名　　　　称：上海振兴港口机械有限公司 纳税人识别号：（略） 地址、电话：（略） 开户行及账号：（略）					密码区	（略）	
保养费	规格型号	单位	数量	单价	金额 1 358.87	税率 16%	税额 217.42	
合计					￥1 358.87		￥217.42	
价税合计（大写）	壹仟伍佰柒拾陆元贰角玖分					（小写）￥1 576.29		
销货单位	名　　　　称：上海东兴世界汽车销售服务有限公司 纳税人识别号：（略） 地址、电话：（略） 开户行及账号：（略）					备注	（略）	

收款人：　　　　　复核：　　　　　开票人：（略）　　　　　销货单位（章）：

第三联：发票联　购货方记账凭证

24-3 维修结算单

上海市汽车维修收费结算单

维修单位：上海东兴世界汽车销售服务有限公司　　　　　　电话：

地址：

开户银行：

账号：

托修单位：上海振兴港口机械有限公司

委托书号：

车牌号码：

表1 收费结算单

序号	名称	金额	优惠	实收
1	工时费	500.00		500.00
2	材料费	1 076.29		1 076.29
3	外加工费			
4	车辆牵引费			
5	施救服务费			
6	其他			
7	合计			
8	销售收入	1 576.29		1 576.29

表2 工时费

序号	编码	名称	结算工时	单价(元/工时)	金额(元)
1		发动机修理	100	5.00	500.00
		合计：	100		500.00

表2 材料清单

序号	编码	名称	数量	单价(元/工时)	单位	金额(元)
1		发动机大修包	1	500	套	500
2		曲轴止推片	1	14	套	14
3		全车皮带	1	135	套	135
4		三滤	1	145	套	145
5		水泵	1	282.29	件	282.29
		合计：	5			1 076.29

备注：小修所更换的配件质保期为60天或10 000公里

付 款 凭 证

贷方
科目 ___银行存款___　　　　2022年12月17日　　　　银付　字第　11号

式－142

12×21厘米（支）

摘　　要	借方总账科目	明　细　科　目	借或贷	金　　　　额 千 百 十 万 千 百 十 元 角 分	附单据
支付汽车保养费	制造费用		✓	1 3 5 8 8 7	
	应交税金	应交增值税——进项税额	✓	2 1 7 4 2	
					2 张
合　　　计				1 5 7 6 2 9	

财务主管　　　　记账　　　　出纳　　　　审核　　　　制单　刘骁

【业务25】　12月17日，行政办公室报销质检中心招待费4 352.20元，以银行电汇方式结算。（原始凭证：增值税专用发票、转账支票存根）

25-1　增值税专用发票

上海增值税专用发票

发　票　联

开票日期：　2022 年　12 月　15 日

购货单位	名　　　　称：上海振兴港口机械有限公司 纳税人识别号：（略） 地址、电话：（略） 开户行及账号：（略）	密码区	（略）

货物或应税劳务名称	规格型号	单位	数量	单价	金额	税率	税额
餐饮费					3 956.50	10%	395.70
合计							

价税合计（大写）	肆仟叁佰伍拾贰元贰角（小写）￥4 352.20

销货单位	名称：上海北方好味道有限公司 纳税人识别号： 地址、电话： 开户行及账号：	备注	

第三联：发票联　购货方记账凭证

25-2　转账支票存根

```
┌─────────────────────────────────┐
│          中国工商银行            ┊
│          转账支票存根            ┊
│           1020 5689             ┊
│           00342223              ┊
│                                 ┊
│  附加信息                       ┊
│                                 ┊
│                                 ┊
│  出票日期 2022 年 12 月 17 日    ┊
│  ┌──────────────────────────┐   ┊
│  │收款人：上海北方好味道有  │   ┊
│  │限公司                    │   ┊
│  ├──────────────────────────┤   ┊
│  │金额：4 352.20            │   ┊
│  ├──────────────────────────┤   ┊
│  │用途：餐饮费              │   ┊
│  └──────────────────────────┘   ┊
│  单位主管（章）  会计（章）     ┊
└─────────────────────────────────┘
```

【业务 26】　2022 年 12 月 18 日,上海振兴港口机械有限公司外协单位宝新发展有限公司人员因未按规范操作,按规定给予罚款 500 元,款项并未收到。（原始凭证：罚款通知单）

26-1　罚款通知单

<h3 style="text-align:center">罚款通知单</h3>

时间	2022 年 12 月 18 日		
被处罚人姓名			
被处罚人所属单位	宝新发展有限公司汽机岗位		
罚款金额（元）	500	大写金额	伍佰元整
缴纳期限	2022 年 12 月 21 日		
备注			
罚款事由			

12 月 18 日,车间主任巡查车间机械操作。早 9:08 汽机岗位机器开动而无人监管。做如下处理：汽机岗位处罚 500 元。

【业务 27】　2022 年 12 月 18 日,上海振兴港口机械有限公司退回综合办事处职工谭曾等 44 人 IC 卡押金共 560 元,押金由现金支付退回。（原始凭证：IC 卡押金名单）

27-1　IC 卡押金名单

<h3 style="text-align:center">IC 卡押金名单</h3>

IC 卡号	人员姓名	金额
4001	谭曾	40.00
4002	李句	40.00

续表

IC 卡号	人员姓名	金额
4003	杜三	40.00
4004	王乙	40.00
4005	赵玲	40.00
4006	钱富	40.00
4007	李月	40.00
4008	白仲	40.00
4009	谭峰	40.00
4010	欧力	40.00
4011	张丽	40.00
4012	费秦	40.00
4013	白云	40.00
4014	李云来	40.00
合计		560.00

收 款 凭 证

借方科目 __库存现金__   2022年12月18日   现收 字第 3 号

丙式－141   11×20.8厘米（支）

摘　　　　要	贷方总账科目	明　细　科　目	借或贷	金　　额 千 百 十 万 千 百 十 元 角 分	附单据
收到IC卡押金	其他应付款	保证金	√	5 6 0 0 9	1张
合　　　计				5 6 0 0 0	

财务主管　　记账　　出纳　　审核　　　制单 施俊军

【**业务 28**】　12 月 18 日,上海振兴港口机械有限公司向上海振信新帅气体有限公司购买液态二氧化碳原材料,收到了上海振信新帅气体有限公司开具的增值税发票,发票税费合计为 204 160 元,款项尚未支付。

账务处理流程:会计人员根据采购请款表,原材料入库单、采购付款对账单及购买增值税发票填制转账凭证,会计登记各明细账及总账。

28-1　增值税专用发票

上海增值税专用发票

发 票 联

开票日期：　2022 年 12 月 16 日

第三联：发票联　购货方记账凭证

购货单位	名　　　　称：上海振兴港口机械有限公司 纳税人识别号：（略） 地址、　电话：（略） 开户行及账号：（略）				密码区		（略）		
货物或应税劳务名称	规格型号	单位	数量	单价	金额		税率	税额	
液态二氧化碳 合计					176 000.00		16%	28 160.00	
价税合计（大写）	贰拾万肆仟壹佰陆拾元整（小写）￥204 160.00								
销货单位	名称：上海振信新帅气体有限公司 纳税人识别号： 地址、电话： 开户行及账号：				备注				

28-2　验收入库单

产品入库单

编号：2022 年 12 月 18 日

品名	规格型号	单位	数量	单价	金额	备注
液态二氧化碳		瓶	2 000	88	176 000	

转 账 凭 证

2022年12月18日　　　　转字第　09　号

丙式—143
北京成文厚账簿卡片公司监制
12×21厘米（麦）

摘　　　要	总账科目	明细科目	√	借方金额 千百十万千百十元角分	√	贷方金额 千百十万千百十元角分	附单据2张
购买二氧化碳款项未付	原材料	主要材料	√	1 7 6 0 0 0 0 0			
	应交税费	应交增值税	√	2 8 1 6 0 0 0			
	应付账款	振兴新帅			√	2 0 4 1 6 0 0 0	
合　　　　计				￥2 0 4 1 6 0 0 0		￥2 0 4 1 6 0 0 0	

财务主管　　　　记账　　　　出纳　　　　审核　　　　制单

【业务 29】 12 月 18 日,上海振兴港口机械有限公司支付 2022 年 12 月份生产车间水费给上海宝山自来水有限公司,费用价税合计为 644 923.65 元,费用由银行转账支付。(原始凭证:银行转账凭证、报销凭证、增值税专用发票)

29-1 银行转账凭证

中国招商银行

转账支票存根

58856598

21659876

附加信息

出票日期 2022 年 12 月 18 日

收款人:上海宝山自来水有限公司	
金额:644 923.65	
用途:自来水	
单位主管 （章）	会计（章）

29-2 增值税专用发票

上海增值税专用发票

发 票 联

开票日期:2022 年 12 月 20 日

购货单位	名　　　称:上海振兴港口机械有限公司 纳税人识别号:（略） 地址、　电话:（略） 开户行及账号:（略）					密码区	（略）	
货物或应税劳务名称	规格型号	单位	数量	单价	金额	税率	税额	
自来水					626 139.47	3%	18 784.18	
合计					￥626 139.47		￥18 784.18	
价税合计（大写）	陆拾肆万肆仟玖佰贰拾叁元陆角伍分					（小写）￥644 923.65		
销货单位	名　　　称:上海宝山自来水有限公司 纳税人识别号:（略） 地址、　电话:（略） 开户行及账号:（略）				备注	（略）		

收款人: 　　复核: 　　开票人:（略） 　　销货单位（章）:

第三联:发票联 购货方记账凭证

29-3　报销凭证

收　据

第二联　交款单位

2022 年 12 月 18 日

今收到<u>上海振兴港口机械有限公司</u>

人民币（大写）陆拾肆万肆仟玖佰贰拾叁元陆角伍分　　¥644 923.65

备注

单位盖章：　　　会计：　　　出纳：　　　交款人：

付　款　凭　证

贷方科目　<u>银行存款</u>　　　　2022年12月18日　　　　银付　字第　13 号

式－142　　　12×21厘米（表）

摘　要	借方总账科目	明　细　科　目	借或贷	金　　额									附单据
				千	百	十	万	千	百	十	元	角	分
支付水费	制造费用		√		6	2	6	1	3	9	4	7	3张
	应交税费	应交增值税				1	8	7	8	4	1	8	
合　　计					6	4	4	9	2	3	6	5	

财务主管　　　记账　　　出纳　　　审核　　　制单 刘骁

【业务 30】　12 月 18 日,15 日财产清查亏损的 250 元现金,无法查明原因,经批准作为管理费用处理。（原始凭证：盘亏申请单）

30-1　盘亏申请单

盘亏申请单

盘亏物品	现金
金额(元)	250.00
理由	2022 年 12 月 15 日清查现金时发现亏损 250 元现金,但已无法查明原因,故申请核销。
单位审批意见	（盖章）　　　　　　　　　　（盖章）
	2022 年 12 月 18 日　　　2022 年 12 月 18 日

转 账 凭 证

2022年12月18日   转字第 10 号

丙式－143

北京成文厚账簿卡片公司监制

12×21厘米（麦）

摘　要	总账科目	明细科目	√	借方金额	√	贷方金额
				千百十万千百十元角分		千百十万千百十元角分
盘亏现金处理	管理费用		√	2 5 0 0 0		
	待处理财产损溢				√	2 5 0 0 0
合　　计				￥ 2 5 0 0 0		￥ 2 5 0 0 0

财务主管　　　记账　　　出纳　　　审核　　　制单

附单据 1 张

【业务31】 12月18日,收到应收的B龙门吊项目合同价款5 000 000元。（原始凭证：银行进账单）

31-1　银行进账单

中国工商银行进账单（收账通知）

2022 年 12 月 18 日

出票人	全称	华南港口有限公司	收款人	全称	上海振兴港口机械有限公司										
	账号	（略）		账号	（略）										
	开户银行	（略）		开户银行	（略）										
金额	人民币（大写）：伍佰万元整					亿	千	百	十	万	千	百	十	元	角	分
							￥	5	0	0	0	0	0	0	0	0
票据种类		票据张数	1												
票据号码															
复核记账															

此联是收款人开户银行交给收款人的收账通知

收 款 凭 证

借方科目　银行存款　　　2022年12月18日　　　银收 字第 4号

丙式－141

11×20.8厘米（麦）

摘　要	贷方总账科目	明细科目	借或贷	金　额
				千百十万千百十元角分
收到华南港口公司工程款	应收账款	华南港口	√	5 0 0 0 0 0 0 0 0
			√	5 0 0 0 0 0 0 0 0
合　　计				5 0 0 0 0 0 0 0 0

财务主管　　　记账　　　出纳　　　审核　　　制单 胡昆华

附单据 1 张

【业务 32】 12 月 19 日,财务核算部姜坤向财务部部门报销差旅费 1 400.52 元,职工教育经费 600 元,共计 2 000.52 元,以银行存款支付。(原始凭证:差旅费报销单、收据、转账支票存根)

32-1　差旅费报销单

差旅费报销单

2022 年 12 月 19 日

出差人	姜坤		部门	财务核算部	职务		职工	出差事由		培训	附件张数	3
出发站				到达站				交通费		出差补贴		其他费用		

月	日	时	地点	月	日	时	地点	交通工具	单据张数	金额	天数	金额	项目	单据张数	金额
12	3		上海	12	3		北京	火	2	450			住宿费	1	400
12	5		北京	12	5		上海	火		450			市内车费	2	50.52
													邮电费		
													办公用品费		
													其他		
报销金额	￥1 400.52			预借金额			￥						补领金额	￥	
													退还金额	￥	

会计主管:　　　　　审核:　　　　　出纳:　　　　　报销人:

32-2　收据

收　据

第二联交款单位

2022 年 12 月 4 日

今收到 姜坤

人民币(大写)陆佰元整　　￥600

备注 培训费

单位盖章:　　　　会计:　　　　出纳:　　　　交款人:

32-3　转账支票存根

中国工商银行

转账支票存根

10205689

00342224

附加信息

出票日期 2022 年 12 月 19 日

| 收款人：姜坤 |
| 金额 2 000.52 |
| 用途：差旅费及职工教育经费 |

单位主管（章）　会计（章）

付　款　凭　证

| 贷方科目 | 银行存款 | | 2022年12月19日 | | 银付　字第　14号 | | | | | | | | | | |

摘　　要	借方总账科目	明　细　科　目	借或贷	金　　额										附单据
				千	百	十	万	千	百	十	元	角	分	
财务部报销招待费等	管理费用		√					2	0	0	0	5	2	3张
合　　　　计								2	0	0	0	5	2	

财务主管　　　记账　　　出纳　　　审核　　　制单 刘骁

左侧竖排：式－142　12×21厘米（支）

【业务33】　12 月 19 日,上海振兴港口机械有限公司向武汉铁锚焊接材料销售有限责任公司购买电焊条 CJ507 等原材料,收到了武汉铁锚焊接材料销售有限责任公司开具的增值税发票,发票税费合计为 182 614.70 元,款项尚未支付。(原始凭证:增值税专用发票、验收入库单)

33-1　增值税专用发票

上海增值税专用发票

发 票 联

开票日期：　2022 年 12 月 16 日

购货单位	名　　称：上海振兴港口机械有限公司					密码区	（略）	
	纳税人识别号：（略）							
	地址、电话：（略）							
	开户行及账号：（略）							
货物或应税劳务名称	规格型号	单位	数量	单价	金额	税率	税额	
电焊条	CJ507				183 000.00	16%	29 280.00	
合　计								
价税合计（大写）　　贰拾壹万贰仟贰佰捌拾元整					（小写）￥212 280.00			
销货单位	名　　称：武汉铁锚焊接材料销售有限责任公司					备注		
	纳税人识别号：							
	地址、电话：							
	开户行及账号：							

第三联：发票联　购货方记账凭证

33-2　验收入库单

原材料入库单

编号：2022 年 12 月 19 日

品名	规格型号	单位	数量	单价	金额	备注
电焊条	CJ507		1 000	183.00	183 000.00	
合计					183 000.00	

主管：　　　　仓库：　　　　记账：　　　　经手人：

转 账 凭 证

2022年12月19日　　　　　转字第　11　号

摘　　要	总账科目	明细科目	√	借方金额 千百十万千百十元角分	贷方金额 千百十万千百十元角分	
购买电焊条款项未付	原材料		√	1 8 3 0 0 0 0 0		附单据 2 张
	应交税费	应交增值税	√	2 9 2 8 0 0 0		
	应付账款	铁锚焊接			2 1 2 2 8 0 0 0 0	
合　　　计				2 1 2 2 8 0 0 0 0	2 1 2 2 8 0 0 0 0	

财务主管　　　记账　　　出纳　　　审核　　　制单

丙式—143
北京成文厚账簿卡片公司监制　　12×21厘米（麦）

【业务 34】 2022 年 12 月 19 日,上海振兴港口机械有限公司向上海伟鼎电气科技有限公司购买药芯焊丝等原材料,收到了上海伟鼎电气科技有限公司开具的增值税发票,发票税费合计为 323 592 元,款项尚未支付。(原始凭证:增值税专用发票、验收入库单)

34-1   增值税专用发票

上海增值税专用发票

发 票 联

开票日期: 2022 年 12 月 15 日

购货单位	名　　　称:上海振兴港口机械有限公司 纳税人识别号:(略) 地址、电话:(略) 开户行及账号:(略)				密码区	(略)		第三联：发票联购货方记账凭证

货物或应税劳务名称	规格型号	单位	数量	单价	金额	税率	税额
药芯焊丝					323 000.00	16%	51 680.00
合计							

价税合计(大写)	叁拾柒万肆仟陆佰捌拾元整	(小写)￥374 680.00

销货单位	名　　　称:上海伟鼎电气科技有限公司 纳税人识别号: 地址、电话: 开户行及账号:	备注	

34-2   验收入库单

原材料入库单

编号:2022 年 12 月 15 日

品名	规格型号	单位	数量	单价	金额	备注
药芯焊丝			1 000	323	323 000.00	
合计					323 000.00	

主管:　　　　　　仓库:　　　　　　记账:　　　　　　经手人:

(转账凭证见下页)

【业务 35】 12 月 19 日,支付上海天际环境保护有限公司为本公司车间进行危险废弃物处理费用,价税合计为 115 950.42 元,已由银行转账支付。(原始凭证:银行转账凭证、收据、废酸处置情况表)

转 账 凭 证

2007年10月16日　　　　　　　　　转字第　1 2　号

摘　　要	总账科目	明细科目	√	借方金额 千百十万千百十元角分	√	贷方金额 千百十万千百十元角分	
购买药芯焊丝款项未付	原材料		√	3 2 3 0 0 0 0 0			附单据 3 张
	应交税费	应交增值税	√	5 1 6 8 0 0 0			
	应付账款	伟鼎电气				3 7 4 6 8 0 0 0	
合　　　　计				3 7 4 6 8 0 0 0		3 7 4 6 8 0 0 0	

财务主管　　　　记账　　　　　出纳　　　　　审核　　　　　制单

35-1　银行转账凭证

```
中国工商银行
转账支票存根
10205689
00342225

附加信息



出票日期 2022 年 12 月 19 日
收款人：上海天际环境保护有限公司
金额：115 950.42
用途：危险废弃物处理费用
单位主管（章）　会计（章）
```

35-2　收据

收　据

第二联　交款单位

2022 年 12 月 18 日

今收到上海振兴港口机械有限公司

人民币（大写）壹拾壹万伍仟玖佰伍拾元肆角贰分　　¥115 950.42

备注

单位盖章：　　　　会计：　　　　出纳：　　　　交款人：

35-3　废酸处置情况表(略)

付 款 凭 证

贷方
科目___银行存款___　　2022/12/19　　　　　　银付　字第 15 号

摘　　要	借方总账科目	明　细　科　目	借或贷	金　　额										
				千	百	十	万	千	百	十	元	角	分
支付废弃物处理费	制造费用	银行汇票	√			9	9	9	5	7	2	6
	应交税费	应交增值税	√			1	5	9	9	3	1	6
合　　　计					1	1	5	9	5	0	4	2

式-142
12×21厘米(支)

附单据 2 张

财务主管　　　记账　　　　出纳　　　　审核　　　　制单 刘骁

【业务36】　2022 年 12 月 19 日,上海振兴港口机械有限公司与江苏苏橙空调有限公司签订采购合同,振兴港口机械有限公司向苏橙公司购买生产用配件,价税合计为 400 192.72 元,配件已经验收入库,振兴港口机械有限公司收到增值税发票,款项签发了商业汇票。(原始凭证:增值税专用发票、验收入库单)

36-1　增值税专用发票

上海增值税专用发票
发　票　联

开票日期:　　2022 年　12 月 15 日

购货单位	名　　　称:上海振兴港口机械有限公司 纳税人识别号:(略) 地址、电话:(略) 开户行及账号:(略)					密码区	(略)		
货物或应税劳务名称	规格型号	单位	数量	单价	金额		税率	税额	
配件			1		400 000.00		16%	64 000.00	
合计									
价税合计(大写)	肆拾陆万肆仟元整				(小写)　¥464 000.00				
销货单位	名　　　称:苏橙公司 纳税人识别号: 地址、电话: 开户行及账号:					备注			

第三联:发票联　购货方记账凭证

收款人:　　　　　复核:　　　　　开票人:(略)　　　　　销货单位(章):(略)

36-2 验收入库单

原材料入库单

编号：2022 年 12 月 19 日

品名	规格型号	单位	数量	单价	金额	备注
配件 1			50	3 000	150 000	
配件 2			50	3 000	150 000	
配件 3			50	2 000	100 000	
合计					400 000	

主管： 仓库： 记账： 经手人：

转 账 凭 证

2022年12月19日 转字第 13 号

丙式—143 12×21厘米（麦）

北京成文厚账簿卡片公司监制

摘要	总账科目	明细科目	√	借方金额 千	百	十	万	千	百	十	元	角	分	√	贷方金额 千	百	十	万	千	百	十	元	角	分
商业汇票购买电气零件	原材料	电器件	√			4	0	0	0	0	0	0	0											
	应交税费	应交增值税	√				6	4	0	0	0	0	0											
	应付票据	苏橙公司															4	6	4	0	0	0	0	0
合计						4	6	4	0	0	0	0	0				4	6	4	0	0	0	0	0

附单据 2 张

财务主管 记账 出纳 审核 制单

【业务 37】 12 月 20 日，收到了江南港口股份有限公司欠的货款 464 000 元。（原始凭证：银行进账单）

37-1 银行进账单

中国工商银行进账单（收账通知）

2022 年 12 月 19 日

出票人	全称	江南港口股份有限公司	收款人	全称	上海振兴港口机械有限公司
	账号	（略）		账号	1102 0245 6666 4567 999
	开户银行	（略）		开户银行	中国工商银行上海市分行江南支行

金额	亿	千	百	十	万	千	百	十	元	角	分
人民币（大写）：肆拾陆万肆仟圆整			¥	4	6	4	0	0	0	0	0

票据种类		票据张数	1	
票据号码				
复核记账				

此联是收款人开户银行交给收款人的收账通知

收 款 凭 证

借方
科目 ___银行存款___　　2022年12月19日　　　　银收　字第　5号

摘　　要	贷方总账科目	明 细 科 目	借或贷	金　　额										附单据
				千	百	十	万	千	百	十	元	角	分	
招待所收入收到江南港口的货款	应收账款	江南港口	√			4	6	4	0	0	0	0	0	1张
合　　计						4	6	4	0	0	0	0	0	

财务主管　　　记账　　　　出纳　　　　审核　　　　　　制单 胡昆华

丙式－141　　11×20.8厘米　（支）

【业务38】　12月21日与招商银行签订了为期三个月的流动资金借款合同,金额为5 000 000元,借款已经转入企业的账户。（原始凭证：借款合同、银行进账单）

38-1　借款合同

借 款 合 同

甲方（出借人）：招商银行上海市分行东方支行

身份证号：

联系地址：

乙方（借款人）：上海振兴港口机械有限公司

身份证号：

联系地址：

丙方（保证人）：

身份证号：

联系地址：

　　乙方因_____向甲方借款,丙方愿意为乙方借款向甲方提供连带保证担保,现甲乙丙各方在平等、自愿、等价有偿的基础上,经友好协商,达成如下一致意见,供双方共同信守。

一、借款用途：

　　上海振兴港口机械有限公司急需一笔资金周转,甲方同意出借,乙方如何使用借款,与甲方无关。

二、借款金额

　　乙方向甲方借款金额（大写）人民币伍佰万元整（小写：￥5 000 000元）。乙方指定的收款账户为：

　　开户银行：中国工商银行上海市分行江南支行

　　账户名称：基本存款户

　　账号：1102 0245 6666 4567 999

三、借款期限

　　借款期限_____年,自_____年_____月_____日起（以甲方实际出借款项之日起算,乙方应另行出具收条）至_____年_____月_____日止,逾期未还款的,按本合同第八条处理。

四、还款方式

　　应按照本协议规定时间主动偿还对甲方的欠款及利息。乙方到期还清所有本协议规定的款项后,甲方收到还款后将借据交给乙方。

　　甲方指定的还款账户如下。

　　开户银行：

　　账户名称：

　　账号：

五、借款利息

自支用借款之日起,按实际支用金额计算利息,在合同第三条约定的借款期内月利为_____,利息按月结算。借款方如果不按期还款付息,则每逾期一日按欠款金额的每日万分之八加收违约金。

六、权利义务

出借方有权监督出借使用情况,了解借款方的偿债能力等情况,借款方应该如实提供有关的资料。借款方如不按合同规定使用贷款,出借方有权收回部分借款,并对违约部分参照银行规定加收罚息。(借款方提前还款的,应按规定减收利息。)

七、保证条款

1. 借款方自愿用_____做抵押,到期不能归还出借方的款项,出借方有权处理抵押品。借款方到期如数归还款项的,抵押权消灭。

2. 丙方自愿为乙方的借款提供连带责任保证担保,保证期限为自乙方借款期限届满之日起二年。保证担保范围包括借款本金、逾期还款的违约金或赔偿金、甲方实现债权的费用(包括但不限于诉讼费、律师费、差旅费等)。

八、逾期还款的处理

乙方如逾期还款,除应承担甲方实现债权之费用(包括但不限于甲方支出之律师费、诉讼费、差旅费等)外,还应按如下方式赔偿甲方之损失:逾期还款期限在 30 日以内的部分,按逾期还款金额每日千分之二(2‰)的比例赔偿甲方损失;超过 30 日部分,按照逾期还款金额每日千分之二点五(2.5‰)的比例赔偿甲方损失。

前款约定的损失赔偿比例,系各方综合各种因素确定。在主张该违约金时,甲方无须对其损失另行举证,同时双方均放弃《中华人民共和国合同法》第一百一十四条规定的违约金或损失赔偿金调整请求权。

九、合同争议的解决方式

本合同履行过程中发生的争议,由当事人对双方友好协商解决,也可由第三人调解,协商或调解不成的,可由任意一方依法向出借方所在地人民法院起诉。

十、本合同自双方签章之日起生效。本合同一式_____份,双方各持_____份。每份均具有同等法律效力。

十一、本合同项下的一切形式的通知、催告均采用书面形式向本合同各方预留的地址发送,如有地址变更,应及时通知对方,书面通知以发送之日起三日届满视为送达。

甲方:招商银行上海市分行东方支行

乙方:上海振兴港口机械有限公司

连带保证人:_____

签订约日期:2022 年 12 月 21 日

38-2　银行进账单

招商银行进账单(收账通知)

2022 年 12 月 21 日

出票人	全称	招商银行	收款人	全称	上海振兴港口机械有限公司
	账号	(略)		账号	1102 0245 6666 4567 999
	开户银行	(略)		开户银行	中国工商银行上海市分行江南支行

金额	人民币(大写):伍佰万圆整	亿	千	百	十	万	千	百	十	元	角	分
				¥	5	0	0	0	0	0	0	0

票据种类		票据张数	1	
票据号码				
复核记账				

此联是收款人开户银行交给收款人的收账通知

收 款 凭 证

<table>
<tr><td colspan="2">借方
科目 ___银行存款___</td><td colspan="2" align="center">2022年12月19日</td><td colspan="2" align="center">银收 字第 6号</td></tr>
<tr><td rowspan="6">丙式－141　11×20.8厘米（支）</td><td rowspan="2" align="center">摘　要</td><td rowspan="2" align="center">贷方总账科目</td><td rowspan="2" align="center">明 细 科 目</td><td rowspan="2" align="center">借
或
贷</td><td align="center">金　额</td><td rowspan="2" align="center">附
单
据</td></tr>
<tr><td align="center">千百十万千百十元角分</td></tr>
<tr><td>获取银行短期借款</td><td>短期借款</td><td>招行</td><td align="center">√</td><td align="center">5 0 0 0 0 0 0 0 0 0</td><td></td></tr>
<tr><td></td><td></td><td></td><td></td><td></td><td></td></tr>
<tr><td></td><td></td><td></td><td></td><td></td><td align="center">4
张</td></tr>
<tr><td align="center">合　　　计</td><td></td><td></td><td></td><td align="center">5 0 0 0 0 0 0 0 0 0</td><td></td></tr>
<tr><td></td><td colspan="2">财务主管　　记账　　出纳</td><td colspan="2">审核</td><td colspan="2">制单 胡昆华</td></tr>
</table>

【业务39】 2022 年 12 月 21 日,上海振兴港口机械有限公司与上海为富贸易有限公司签订采购合同,振兴港口机械有限公司向为富贸易公司采购线缆检测分析仪器设备五套,设备价税合计为 314 600 元,设备已竣工验收,设备款项按照合同规定竣工验收 60 天内支付,款项尚未支付。(原始凭证:增值税专用发票、设备竣工验收单)

39-1　增值税专用发票

上海增值税专用发票

发 票 联

开票日期:　　2022 年 12 月 18 日

<table>
<tr><td rowspan="4">购
货
单
位</td><td>名　　　　称:上海振兴港口机械有限公司</td><td rowspan="4" align="center">密
码
区</td><td rowspan="4" align="center">(略)</td></tr>
<tr><td>纳税人识别号:(略)</td></tr>
<tr><td>地址、　电话:(略)</td></tr>
<tr><td>开户行及账号:(略)</td></tr>
<tr><td colspan="4">货物或应税劳务名称　规格型号　单位　数量　　金额　　税率　　税额</td></tr>
<tr><td colspan="4">线缆检测分析仪　　　　　　　　　　5　　271 206.89　16%　　43 393.11</td></tr>
<tr><td colspan="4">　　合计</td></tr>
<tr><td colspan="4">价税合计(大写)　　叁拾壹万肆仟陆佰元整(小写)￥314 600</td></tr>
<tr><td rowspan="4">销
货
单
位</td><td>名称:上海为富贸易有限公司</td><td rowspan="4" align="center">备
注</td><td rowspan="4"></td></tr>
<tr><td>纳税人识别号:</td></tr>
<tr><td>地址、电话:</td></tr>
<tr><td>开户行及账号:</td></tr>
</table>

第三联:发票联 购货方记账凭证

39-2　设备竣工验收单

设备安装竣工、移交验收单

项目名称	线缆检测分析仪器	规格型号	
施工日期	2022 年 12 月 15 日	竣工、移交日期	2022 年 12 月 21 日
验收情况	设备已竣工验收，款项未支付。		
验收意见			

验收部门及人员		
施工方： 验收人员签字：	使用方： 验收人员签字：	监督方： 验收人员签字

转　账　凭　证

2007年10月18日　　　　转字第　1 4　号

丙式—143　北京成文厚账簿卡片公司监制　12×21 厘米（麦）

摘要	总账科目	明细科目	√	借方金额 千	百	十	万	千	百	十	元	角	分	√	贷方金额 千	百	十	万	千	百	十	元	角	分
购买固定资产款项未付	固定资产		√			2	7	1	2	0	6	8	9											
	应交税费	应交增值税	√				4	3	3	9	3	1	1											
	应付账款																3	1	4	0	0	0	0	0
合　计						3	1	4	0	0	0	0	0				3	1	4	0	0	0	0	0

附单据 2 张

财务主管　　记账　　出纳　　审核　　制单

【业务 40】 12 月 22 日，向上海顺通贸易有限公司支付车间测模仪里氏硬度检测费，价税合计为 12 150 元，银行转账支付。（原始凭证：银行转账凭证、报销凭证、维修申请单、维修单）

40-1　银行转账凭证

中国工商银行
转账支票存根
10205689
00342226
附加信息

出票日期 2022 年 12 月 22 日

收款人：上海顺通贸易有限公司	
金额：12 150.00	
用途：检测费	

单位主管（章）　会计（章）

40-2　报销凭证

收　据

第二联　交款单位

2022 年 12 月 22 日

今收到 上海振兴港口机械有限公司

人民币（大写）壹万贰仟壹佰伍拾元整　¥12 150.00

备注

单位盖章：　　　　会计：　　　　出纳：　　　　交款人：

40-3　维修申请单（略）

40-4　维修单（略）

付　款　凭　证

贷方
科目　银行存款　　　2022年12月22日　　　银付　字第　16号

式—142

摘　　要	借方总账科目	明 细 科 目	借或贷	千	百	十	万	千	百	十	元	角	分	附
支付测试费	制造费用		√				1	1	4	6	2	6	7	单 据
	应交税金	应交增值税——进项税额	√					6	8	7	7	3		
														4 张
合　　计						1	2	1	5	0	0	0		

12×21厘米（支）

财务主管　　　记账　　　出纳　　　审核　　　制单　刘骁

【业务 41】　12 月 22 日，车间安全保障部王雪莲报销环境保护培训差旅费；费用合
计为 341 元，现金支付。（原始凭证：差旅报销单、培训通知）

41-1　差旅报销单据

差 旅 费 报 销 单

出差人	王雪莲	部门	车间安全保障部	职务		日期	2022/12/22
出差期间	2022/12/5 至 2022/12/9		出差事由	参加环境保护税培训差旅费	附单据	9张	
借款核销金额	0.00			实付金额		341.00	

续表

行程起止		城市间交通费			住宿费	其他		各项补助					小计
起点	终点	机票	火车票	其他		摘要	金额	补助内容	补助标准（人/次）	人数	天数	金额	
上海	南宁	0.00	0.00	341.00	0.00		0.00			0	0	0.00	341.00
	小计	0.00	0.00	341.00	0.00		0.00					0.00	
金额（小写）		341.00 元				金额（大写）			叁佰肆拾壹元整				
费用项目		部门			项目工号			金额		备注			
预算费用-不进项目差旅费		职环处						341.00		薛松海			
名称		付款货币		付款金额		支付方式		开户银行	银行账号		备注		
王雪莲		人民币		341.00		现金			XXXXXXXXX				
工作项名称		审批人姓名		审批时间			审批内容						
财务初审		邱昌明		2022/12/22 16:12:06			审批结论：通过；审批意见：通过						
部门经理审批		邵向阳		2022/12/22 16:19:12			审批结论：通过；审批意见：通过						
人事初审		张瑜		2022/12/22 16:22:31			审批意见：考勤已核；审批结论：通过						
分管副总		李森		2022/12/25 15:41:20			审批结论：通过；审批意见：通过						

41-2 培训通知

培 训 通 知

各有关单位：

现定于 2022 年 12 月 6 日起开展环境保护税法培训。

培训时间：2022 年 12 月 6 日至 2022 年 12 月 8 日

培训地点：邕宁区龙亭路 8 号

请接到通知的学员于 12 月 6 日上午 8 点 30 分，携带好本人身份证准时出席，参加培训，培训时遵守课堂纪律，爱护课堂设施，保持课堂整洁。

特此通知！

上海福劝人才咨询有限公司

2022 年 11 月 25 日

付 款 凭 证

贷方科目 __库存现金__ 　　　2022年12月22日 　　　现付 字第 03 号

式－142

12×21厘米（克）

摘 要	借方总账科目	明细科目	借或贷	金 额									附单据
				千	百	十	万	千	百	十	元	角	分
报销培训差旅费	制造费用		✓						3	4	1	0	0
合 计									1	0	5	0	0

附单据 2 张

财务主管　　　记账　　　出纳　　　审核　　　制单 张雪芹

【业务42】 12月22日,上海振兴港口机械有限公司退回上海舜发建筑安装工程公司质保金11 090元,由银行转账支付。(原始凭证:转账支票存根)

42-1　转账支票存根

中国工商银行

转账支票存根

10205689

00342227

附加信息<u>质保金退回</u>

出票日期 2022 年 12 月 22 日

收款人:上海舜发建筑安装工程公司
金额: 11 090.00
用途: 质保金退回

单位主管(章)　会计(章)

付　款　凭　证

贷方科目　<u>银行存款</u>　　　2022年12月22日　　　银付　字第　17号

式－142

12×21厘米(表)

摘　要	借方总账科目	明 细 科 目	借或贷	金　额										附单据
				千	百	十	万	千	百	十	元	角	分	
退回保证金	应付账款		✓				1	1	0	9	0	0	0	
														2张
合　　计							1	1	0	9	0	0	0	

财务主管　　　记账　　　　出纳　　　　　审核　　　　制单 刘骁

【业务43】 2022 年 12 月 22 日,上海振兴港口机械有限公司焊工之家职工魏均偿还借公司的借款 40 000 元,款项已银行转账。(原始凭证:银行进账单)

43-1 银行进账单

中国工商银行进账单 (收账通知)

2022 年 12 月 20 日

出票人	全称	魏均		收款人	全称	上海振兴港口机械有限公司
	账号	（略）			账号	1102 0245 6666 4567 999
	开户银行	（略）			开户银行	中国工商银行上海市分行江南支行

金额	人民币（大写）：肆万元整	亿	千	百	十	万	千	百	十	元	角	分
					¥	4	0	0	0	0	0	0

票据种类		票据张数	1
票据号码			

复核记账

此联是收款人开户银行交给收款人的收账通知

收 款 凭 证

借方科目 银行存款	2010年12月24日		银收 字第 7 号

丙式—141 11×20.8厘米（支）

摘　　　要	贷方总账科目	明 细 科 目	借或贷	金　　　　额									附单据
				千	百	十	万	千	百	十	元	角	分
魏均偿还借款	其他应收款		✓		4	0	0	0	0	0	0	0	
													1张
合　　　计					4	0	0	0	0	0	0	0	

财务主管　　记账　　出纳　　审核　　制单 胡昆华

【业务 44】 2022 年 12 月 22 日,归还流动资金借款 1 000 000 元,该借款是 2021 年 12 月 23 日向招商银行借入,到期一次还本付息。共计利息为 50 000 元(其中当月应负担 3 200 元)。(原始凭证:转账支票存根)

44-1 转账支票存根

招商银行

转账支票存根

10205689

00342228

附加信息

出票日期 2022 年 12 月 22 日

收款人：招商银行
金额：1 050 000.00
用途：还款及利息

单位主管（章） 会计（章）

付 款 凭 证

贷方
科目 __银行存款__   2022年12月22日   银付 字第 18号

式－142

12×21厘米（表）

摘　要	借方总账科目	明　细　科　目	借或贷	金　　额										附单据
				千	百	十	万	千	百	十	元	角	分	
偿还银行借款	短期借款		✓	1	0	0	0	0	0	0	0	0	0	
	应付利息		✓			4	6	8	0	0	0	0	0	
	财务费用						3	2	0	0	0	0	0	1张
合　　计				1	0	5	0	0	0	0	0	0	0	

财务主管　　　记账　　　　出纳　　　　　审核　　　　　制单 刘骁

【业务 45】　12 月 23 日,结算凤琪实业有限公司为公司 A 岸桥项目和 B 龙门吊项目进行钢结构制作的费用,工程制作费用价税合计为 712 200.42 元,款项尚未支付。（原始凭证：增值税专用发票、费用报销单、工程清单、费用分配表）

45-1　增值税专用发票

上海增值税专用发票
发 票 联

开票日期：2022 年 12 月 24 日

购货单位	名　　　称：上海振兴港口机械有限公司							
	纳税人识别号：（略）					密码区	（略）	
	地址、　电话：（略）							
	开户行及账号：（略）							

第三联：发票联　购货方记账凭证

工程制作费	规格型号	单位	数量	单价	金额	税率	税额
A 岸桥项目					343 980.57	16%	55 036.89
B 龙门吊项目					269 985.31	16%	43 197.65
合计					￥613 965.88		￥98 234.54

价税合计（大写）	柒拾壹万贰仟贰佰元肆角贰分	（小写）￥712 200.42

销货单位	名　　　称：凤琪实业有限公司		
	纳税人识别号：（略）	备注	（略）
	地址、　电话：（略）		
	开户行及账号：（略）		

收款人：　　　复核：　　　开票人：（略）　　　销货单位（章）：

45-2　费用报销单（略）

45-3　工程清单（略）

45-4　费用分配表（略）

转 账 凭 证

2022年12月22日　　　　　　　转字第　1 5　号

摘　要	总账科目	明细科目	√	借方金额									√	贷方金额								
				千	百	十	万	千	百	十	元	角	分		千	百	十	万	千	百	十	元	角	分
凤琪实业制作费款项未付	合同履约成本	A岸桥项目	√		3	4	3	9	8	0	5	7												
	主营业务收入	B龙门项目	√		2	6	9	9	8	5	3	1												
	应交税金	应交增值税（进项税额）	√			9	8	2	3	4	5	4												
	应付账款													√		7	1	2	2	0	0	4	2	
合　计					7	1	2	2	0	0	4	2				7	1	2	2	0	0	4	2	

附单据 4 张

财务主管　　　记账　　　出纳　　　审核　　　制单

【业务 46】 12 月 23 日，从技术市场购买了盾构专利技术，双方协商结算价格为 6 000 000 元，签发了银行转账支票结算。（原始凭证：转账支票存根）

46-1　转账支票存根

中国工商银行

转账支票存根

10205689

00342229

附加信息

出票日期 2022 年 12 月 23 日

收款人：
金额：6 000 000.00
用途：购买盾构技术

单位主管（章）　会计（章）

付 款 凭 证

贷方科目　银行存款　　　2022年12月23日　　　银付　字第　19 号

摘　要	借方总账科目	明细科目	借或贷	金　额									
				千	百	十	万	千	百	十	元	角	分
购买无形资产	无形资产		√	6	0	0	0	0	0	0	0	0	0
合　计				6	0	0	0	0	0	0	0	0	0

附单据 2 张

财务主管　　　记账　　　出纳　　　审核　　　制单　刘骁

46-2 盾构专利技术购买协议(略)

【**业务 47**】 12 月 24 日,上海振兴港口机械有限公司委托上海博兴汽车修理公司进行车间运输车辆年审,税费合计为 25 200 元,费用已经由银行转账支付。(原始凭证:银行转账凭证、增值税专用发票)

47-1 银行转账凭证

中国工商银行

转账支票存根

10205689

00342230

附加信息

出票日期 2022 年 12 月 24 日

收款人:上海博兴汽车修理公司	
金额:25 200.00	
用途:车辆年审	

单位主管（章） 会计（章）

47-2 增值税专用发票

上海增值税专用发票
发 票 联

开票日期:2022 年 12 月 26 日

购货单位	名　　　　称：上海振兴港口机械有限公司 纳税人识别号：(略) 地址、　电话：(略) 开户行及账号：(略)					密码区		（略）

车辆年审	规格型号	单位	数量	单价	金额 21 724.14	税率 16%	税额 3 475.86
合计					￥21 724.14		￥3 475.86

价税合计（大写）	贰万伍仟贰佰元整		（小写）￥25 200.00

销货单位	名　　　　称：上海博兴汽车修理公司 纳税人识别号：(略) 地址、　电话：(略) 开户行及账号：(略)	备注	（略）

收款人: 复核: 开票人：(略) 销货单位（章）:

第三联：发票联 购货方记账凭证

付　款　凭　证

贷方
科目　　银行存款　　　　　　2022年12月23日　　　　　　　银付　字第　20 号

式－142

12×21厘米（长）

摘　要	借方总账科目	明　细　科　目	借或贷	金　额									
				千	百	十	万	千	百	十	元	角	分
付车辆年审费	制造费用		✓				2	1	7	2	4	1	4
	应交税金	应交增值税—进项税额	✓					3	4	7	5	8	4
合　　　计						2	5	2	0	0	0	0	0

附单据 2 张

财务主管　　　　记账　　　　　出纳　　　　　　审核　　　　　　制单　刘骁

参考答案：

借：制造费用　　　　　　　　　　　　　21 724.14

　　应交税费——应交增值税（进项税额）　　3 475.86

　　贷：银行存款　　　　　　　　　　　　　　25 200

【业务48】　12 月 25 日向中国红字字协会捐款 30 000 元，以银行存款转账支付。
（原始凭证：转账支票存根）

48-1　转账支票存根

中国工商银行

转账支票存根

10205689

00342231

附加信息 捐款

出票日期 2022 年 12 月 25 日

收款人：中国红字字协会
金额：30 000.00
用途：捐款

单位主管（章）　会计（章）

付 款 凭 证

贷方
科目　银行存款　　　　　2022年12月25日　　　　　　　银付　字第　21号

式－142

12×21厘米（支）

摘　　要	借方总账科目	明　细　科　目	借或贷	金　　额									附单据
				千	百	十	万	千	百	十	元	角	分	
向红字会捐款	营业外支出		✓		3	0	0	0	0	0	0	0	2
													张
合　　计					3	0	0	0	0	0	0	0	

财务主管　　　记账　　　　出纳　　　　审核　　　　制单　刘骁

【业务49】　12 月 27 日，上海振兴港口机械有限公司卫生所胡双偿还备用金 1 000 元，港口机械有限公司已收到银行存款。（原始凭证：银行进账单）

49-1　银行进账单（改格式）

中国工商银行进账单 (收账通知)

2022 年 12 月 27 日

此联是收款人开户银行交给收款人的收账通知

出票人	全称	胡双	收款人	全称	上海振兴港口机械有限公司									
	账号	（略）		账号	（略）									
	开户银行	（略）		开户银行	（略）									
金额	人民币（大写）：壹仟元整				亿	千	百	十	万	千	百	十	元	角	分
									￥	1	0	0	0	0	0
票据种类		票据张数	1												
票据号码															
复核　记账															

收 款 凭 证

借方
科目　银行存款　　　　　2022年12月27日　　　　　　　银收　字第　8号

丙式－141

11×20.8厘米（支）

摘　　要	贷方总账科目	明　细　科　目	借或贷	金　　额									附单据
				千	百	十	万	千	百	十	元	角	分	
职工偿还备用金	其他应收款						1	0	0	0	0	0	1
													张
合　　计							1	0	0	0	0	0	

财务主管　　　记账　　　　出纳　　　　审核　　　　制单　胡昆华

【业务 50】　2022 年 12 月 27 日,上海振兴港口机械有限公司办公室本部报销办公费 1 118 元及业务招待费 2 200,费用共计 3 318 元,费用已由现金支付。(原始凭证:增值税专用发票)

50-1　增值税专用发票

上海增值税专用发票
发 票 联

开票日期:　2022 年 12 月 22 日

购货单位	名　　　称:上海振兴港口机械有限公司 纳税人识别号:(略) 地址、电话:(略) 开户行及账号:(略)					密码区	(略)	
货物或应税劳务名称 办公用品	规格型号	单位	数量	单价	金额 963.79	税率 16%	税额 154.21
合计					963.79		154.21
价税合计(大写)		壹仟壹佰壹拾捌元整(小写)¥1 118.00						
销货单位	名　　　称:家乐福有限公司 纳税人识别号:(略) 地址、电话:(略) 开户行及账号:(略)					备注		

第三联:发票联　购货方记账凭证

收款人:　复核:　开票人:　销货单位(章):

上海增值税专用发票
发 票 联

开票日期:　2022 年 12 月 22 日

购货单位	名　　　称:上海振兴港口机械有限公司 纳税人识别号:(略) 地址、电话:(略) 开户行及账号:(略)					密码区	(略)	
货物或应税劳务名称 餐饮费	规格型号	单位	数量	单价	金额 1 896.55	税率 16%	税额 303.45
合计					1 896.55		303.45
价税合计(大写)		贰仟贰佰圆整(小写)¥2 200.00						
销货单位	名　　　称:江南饭店有限公司 纳税人识别号:(略) 地址、电话:(略) 开户行及账号:(略)					备注		

第三联:发票联　购货方记账凭证

付 款 凭 证

贷方 科目 __库存现金__   2022年12月27日   现付   字第   04号

式－142   12×21厘米（支）

摘 要	借方总账科目	明 细 科 目	借或贷	金 额 千 百 十 万 千 百 十 元 角 分
办公室报销办公费	管理费用	办公费	✓	1 1 1 8 0 0
		业务招待费		2 2 0 0 0 0
合 计				3 3 1 8 0 0

附单据 2 张

财务主管   记账   出纳   审核   制单 张雪芹

【业务 51】 12 月 28 日，上海振兴港口机械有限公司银行存款转账支付 2022 年 7—12 月的工会经费，共计为 56 798.92 元（原始凭证：转账支票存根）

51-1   转账支票存根

中国工商银行
转账支票存根
10205689
00342232

附加信息

出票日期 2022 年 12 月 28 日

收款人：
金额：56 798.92
用途：工会经费

单位主管（章）   会计（章）

付 款 凭 证

贷方 科目 __银行存款__   2022年12月27日   银付   字第   22号

式－142   12×21厘米（支）

摘 要	借方总账科目	明 细 科 目	借或贷	金 额 千 百 十 万 千 百 十 元 角 分
付工会经费	应付职工薪酬	公会经费	✓	5 6 7 9 8 9 2
合 计				5 6 7 9 8 9 2

附单据 1 张

财务主管   记账   出纳   审核   制单 刘骏

【业务 52】　12 月 28 日,上海振兴港口机械有限公司收到上海瑞生商贸公司废料预收款共计为 200 000.00 元。(原始凭证:银行进账单)

52-1　银行进账单

中国工商银行进账单 (收账通知)

2022 年 12 月 27 日

出票人	全称	上海瑞生商贸公司		收款人	全称	上海振兴港口机械有限公司										
	账号	(略)			账号	(略)									
	开户银行	(略)			开户银行	(略)									
金额	人民币 (大写):贰万元整					亿	千	百	十	万	千	百	十	元	角	分
									￥	2	0	0	0	0	0	0
票据种类		票据张数	1												
票据号码															
	复核记账														

此联是收款人开户银行交给收款人的收账通知

收 款 凭 证

借方科目　银行存款　　2022年12月27日　　银收　字第　9　号

丙式－141

11×20.8厘米（支）

摘　要	贷方总账科目	明细科目	借或贷	金　额										
				千	百	十	万	千	百	十	元	角	分
收到瑞生商贸预收款	预收账款	瑞生商贸	√	2	0	0	0	0	0	0	0	0	0
合　　计				2	0	0	0	0	0	0	0	0	0

附单据　1 张

财务主管　　记账　　出纳　　审核　　制单 胡昆华

【业务 53】　12 月 31 日,本月领用原材料共计 1 062 674.25 元。(原始凭证:发料凭证汇总表)

53-1　发料凭证汇总表

发料凭证汇总表

一级科目	明细科目	实际成本
合同履约成本	A 岸桥项目	235 126.52

续表

一级科目	明细科目	实际成本
	B龙门吊项目	265 658.57
基本生产成本		532 685.65
制造费用		23 564.56
管理费用		5 638.95
合 计		1 062 674.25

转 账 凭 证

2022年12月31日   转字第 16 号

北京成文厚账簿卡片公司监制 丙式—143   12×21厘米(麦)

摘　　要	总账科目	明细科目	√	借方金额 千百十万千百十元角分	贷方金额 千百十万千百十元角分	附单据
领用原材料	合同履约成本	A岸桥项目	√	2 3 5 1 2 6 5 2		
		B龙门项目	√	2 6 5 6 5 8 5 7	√	
	基本生产成本		√	5 3 2 6 3 5 6 5	√	1
	制造费用		√	2 3 5 6 4 5 2		张
	管理费用		√	5 6 3 8 9 5		
合　　计				1 0 6 2 6 7 4 6 5		

财务主管   记账   出纳   审核   制单

转 账 凭 证

2022年12月12日   转字第 16$\frac{2}{}$ 号

北京成文厚账簿卡片公司监制 丙式—143   12×21厘米(麦)

摘　　要	总账科目	明细科目	√	借方金额 千百十万千百十元角分	√	贷方金额 千百十万千百十元角分	附单据
领用原材料	原材料			1 0 6 2 6 7 4 2 5	√		
							1
							张
合　　计				1 0 6 2 2 7 4 6 5			

财务主管   记账   出纳   审核   制单

【业务54】 12月31日,本月专利权摊销50 000元。(原始凭证:专利权摊销表)

54-1　专利权摊销表

转　账　凭　证

2022年12月31日　　　　　　　　　　　　转字第　17　号

北京成文厚账簿卡片公司监制
丙式—143　　12×21厘米（麦）

摘　　　要	总账科目	明细科目	√	借　方　金　额 千百十万千百十元角分	√	贷　方　金　额 千百十万千百十元角分	附单据
摊销无形资产	管理费用		√	5 0 0 0 0 0 0			1
		累计摊销			√	5 0 0 0 0 0 0	张
合　　　　计							

财务主管　　　记账　　　出纳　　　审核　　　制单

【业务55】　12月31日，该交易性金融资产的公允价值为2 195 600元。（原始凭证：公允价值变动表）

55-1　公允价值变动表

公允价值变动表
2018.12.31

成本	公允价值金额	公允价值变动
1 942 360	2 195 600	253 240

转　账　凭　证

2022年12月31日　　　　　　　　　　　　转字第　18　号

北京成文厚账簿卡片公司监制
丙式—143　　12×21厘米（麦）

摘　　　要	总账科目	明细科目	√	借　方　金　额 千百十万千百十元角分	√	贷　方　金　额 千百十万千百十元角分	附单据
交易性金融资产价值变动	交易性金融资产	公允价值变动	√	2 5 3 2 4 0 0 0			1
		公允价值变动损溢			√	2 5 3 2 4 0 0 0	张
合　　　　计				￥2 5 3 2 4 0 0 0		￥2 5 3 2 4 0 0 0	

财务主管　　　记账　　　出纳　　　审核　　　制单

【**业务56**】 12 月 31 日,本月发生研发支出 2 057 340 元,其中不符合资本化条件的研发支出 692 415 元,符合资本化条件的研发支出为 1 364 925 元。各项支出均通过银行转账。(原始凭证:转账支票存根、管理费用明细表)

56-1　转账支票存根

```
┌─ ─ ─ ─ ─ ─ ─ ─ ─ ─ ─ ─ ─ ─ ─ ─ ┐
            中国工商银行
            转账支票存根
            10205689
            00342233

   附加信息




   出票日期 2022 年 12 月 31 日
   ┌──────────────────────┐
   │ 收款人:              │
   ├──────────────────────┤
   │ 金额: 2 057 340.00   │
   ├──────────────────────┤
   │ 用途: 研发支出        │
   └──────────────────────┘
   单位主管(章)  会计(章)
└─ ─ ─ ─ ─ ─ ─ ─ ─ ─ ─ ─ ─ ─ ─ ─ ┘
```

付 款 凭 证

贷方
科目　银行存款　　　　　2022年12月31日　　　　银付　字第23号

摘　　　要	借方总账科目	明　细　科　目	借或贷	千	百	十	万	千	百	十	元	角	分
支付研发支出	研发支出	费用化支出	✓		6	9	2	4	1	5	0	0	
		资本和支出	✓	1	3	6	4	9	2	5	0	0	
合　　　计				2	0	5	7	3	4	0	0	0	

金　　额

财务主管　　　　记账　　　　　出纳　　　　　审核　　　　　制单 刘骁

式－142　　12×21厘米(支)

附单据　1 张

56-2　管理费用明细表

管理费用明细表

单位:元

项目	……	研发支出	……
金额	……	692 415	……

转 账 凭 证

2022年12月31日 　　　转字第 19 号

北京成文厚账簿卡片公司监制 丙式—143 12×21厘米（麦）

摘　要	总账科目	明细科目	√	借方金额 千百十万千百十元角分	√	贷方金额 千百十万千百十元角分
费用化研发支出转管理费用	管理费用		√	6 9 2 4 1 5 0 0		
	研发支出	费用化支出			√	6 9 2 4 1 5 0 0
合　　计				¥6 9 2 4 1 5 0 0		¥6 9 2 4 1 5 0 0

财务主管　　　记账　　　出纳　　　审核　　　制单

附单据 1 张

【业务57】 12月31日，对公司12月1日购入闵津集团同日发行的3年期公司债券确认利息并摊销溢价。（原始凭证：债权投资利息调整摊销表）

57-1 债权投资利息调整摊销表

债权投资利息调整摊销表

单位：元

付息日期	票面利息	实际利息	溢价摊销	摊余成本
2022-12-1				1 262 902.00
2023-5-31	60 000	50 516.08	9 483.92	1 253 418.08
2023-11-30	60 000	50 136.72	9 863.28	1 243 554.80
2024-5-31	60 000	49 742.19	10 257.81	1 233 297.00
2024-11-30	60 000	49 331.88	10 668.12	1 222 628.88
2025-5-31	60 000	48 905.16	11 094.84	1 211 534.03
2025-11-30	60 000	48 461.36	11 538.64	1 199 995.39
合计	360 000	297 093.39	62 906.61	——

附注：2022-12-31的各项金额等于2023-5-31的各项金额×1/6。

转 账 凭 证

2022年12月31日 　　　转字第 20 号

北京成文厚账簿卡片公司监制 丙式—143 12×21厘米（麦）

摘　要	总账科目	明细科目	√	借方金额 千百十万千百十元角分	√	贷方金额 千百十万千百十元角分
债券投资利息摊销	应收利息		√	1 0 0 0 0 0 0		
	债券投资	利息调整			√	1 5 8 0 6 5
	投资收益				√	8 4 1 9 3 5
合　　计				1 0 0 0 0 5 0		1 0 0 0 0 0 0

财务主管　　　记账　　　出纳　　　审核　　　制单

附单据 1 张

【业务58】 12月31日,部分库存商品出现减值迹象,其账面价值为27 650元,可变现净值19 868元。(原始凭证:库存商品减值计算表、纳税调整表)

58-1　库存商品减值计算表

库存商品减值计算表

单位:元

账面价值	可变现净值	减值金额
27 650	19 868	7 782

58-2　纳税调整表

纳税调整表

单位:元

可抵扣暂时性差异	税率	纳税调增
7 782	25%	1 945.50

转　账　凭　证

2022年12月31日　　　　　　转字第　21　号

摘　　　要	总账科目	明细科目	√	借方金额 千百十万千百十元角分	√	贷方金额 千百十万千百十元角分
提取存货减值准备	资产减值损失	材料费	√	7 7 8 2 0 0		
	存货跌价准备	大米			√	7 7 8 2 0 0
合　　　　计				¥7 7 8 2 0 0		¥7 7 8 2 0 0

财务主管　　　记账　　　　出纳　　　　审核　　　　制单

丙式—143　北京成文厚账簿卡片公司监制　12×21厘米(麦)

附单据 1 张

转　账　凭　证

2022年12月31日　　　　　　转字第　22　号

摘　　　要	总账科目	明细科目	√	借方金额 千百十万千百十元角分	√	贷方金额 千百十万千百十元角分
存货跌价准备影响所得税	递延所得税资产		√	1 9 4 5 5 0		
		所得税费用			√	1 9 4 5 5 0
合　　　　计				1 9 4 5 5 0		1 9 4 5 0 0

财务主管　　　记账　　　　出纳　　　　审核　　　　制单

丙式—143　北京成文厚账簿卡片公司监制　12×21厘米(麦)

附单据 1 张

【业务 59】 公司持有华普公司 20％的普通股股份,采用权益法核算,12 月 31 日公司对华普公司长期股权投资的账面价值为 150 260 元,2022 年度华普公司亏损额为 650 382 元。（原始凭证:长期股权投资损益调整计算表）

59-1 长期股权投资损益调整计算表

华普公司长期股权投资亏损分担额计算表

单位:元

账面价值	应分担亏损额	长期股权投资损益调整金额
150 260	130 076.4	20 183.6

转 账 凭 证

2022年12月31日 　　　　转字第 2 3 号

摘　要	总账科目	明细科目	√	借方金额 千百十万千百十元角分	√	贷方金额 千百十万千百十元角分	附单据
长期股权投资投资收益核算	投资收益		√	2 0 1 8 3 6 0			
	长期股权投资	损溢调整			√	2 0 1 8 3 6 0	1 张
合　　　　计				2 0 1 8 3 6 0		2 0 1 8 3 6 0	

财务主管　　　　记账　　　　出纳　　　　审核　　　　制单

北京成文厚账簿卡片公司监制　丙式—143　12×21厘米（麦）

【业务 60】 12 月 31 日,公司的部分固定资产出现减值迹象,公司计提了 98 573 元的固定资产减值准备。（原始凭证:固定资产减值计算表、纳税调整表）

60-1 固定资产减值计算表

固定资产减值计算表

单位:元

账面价值	可变现净值	减值金额
9 554 552 310.84	9 554 453 737.84	98 573

60-2 纳税调整表

纳税调整表

单位:元

可抵扣暂时性差异	税率	纳税调增
98 573	25％	24 643.25

转 账 凭 证

2022年12月31日　　　　　　转字第 2 4 号

摘　要	总账科目	明细科目	√	借方金额 千百十万千百十元角分	√	贷方金额 千百十万千百十元角分	附单据
固定资产减值准备	资产减值损失		√	9 8 5 7 3 0 0			
		递延所得税资产	√	2 4 6 4 3 2 5			
		固定资产减值准备			√	9 8 5 7 3 0 0	2张
		所得税费用				2 4 6 4 3 2 5	
					√		
合　计				1 2 3 2 1 6 2 5		1 2 3 2 1 6 2 5	

财务主管　　　记账　　　出纳　　　审核　　　制单

【业务61】　12月31日，分配本月职工薪酬费用，同时将社会保险、住房公积金和工会经费转入其他应付款。（原始凭证：12月份职工薪酬结算表、12月份企业负担社会保险费和住房公积金计算表、12月份工会经费计算表、12月份职工薪酬费用汇总表、职工薪酬费用分配表）

61-1　12月份职工薪酬结算表

12月份职工薪酬结算表　　　　　单位：元

部门	明细	应付职工薪酬	缴费基数	养老保险	医疗保险	失业保险	住房公积金	个人所得税	合计	实发金额
				代扣款						
制造车间	管理人员	115 200.00	100 600.00	8 048.00	2 012.00	1 006.00	7 042.00	2 650.00	20 758.00	94 442.00
	生产工人	925 260.00	812 300.00	64 984.00	16 246.00	8 123.00	56 861.00	1 280.00	147 494.00	777 766.00
	小计	1 040 460.00	912 900.00	73 032.00	18 258.00	9 129.00	63 903.00	3 930.00	168 252.00	872 208.00
管理部门		102 820.00	88 500.00	7 080.00	1 770.00	885.00	6 195.00	3 680.00	19 610.00	83 210.00
销售部门		68 320.00	57 300.00	4 584.00	1 146.00	573.00	4 011.00	1 850.00	12 164.00	56 156.00
合计		1 211 600.00	1 058 700.00	84 696.00	21 174.00	10 587.00	74 109.00	9 460.00	200 026.00	1 011 574.00

61-2　12月份企业负担社会保险费和住房公积金计算表

12 月份企业负担社会保险费和住房公积金计算表　　单位：元

部门	明细	应付职工薪酬	缴费基数	养老保险 20%	医疗保险 10%	失业保险 2%	工伤保险 1%	生育保险 1%	住房公积金 7%	合计
制造车间	管理人员	115 200.00	100 600.00	20 120.00	10 060.00	2 012.00	1 006.00	1 006.00	7 042.00	41 246.00
	生产工人	925 260.00	812 300.00	162 460.00	81 230.00	16 246.00	8 123.00	8 123.00	56 861.00	333 043.00
	小计	1 040 460.00	912 900.00	182 580.00	91 290.00	18 258.00	9 129.00	9 129.00	63 903.00	374 289.00
管理部门		102 820.00	88 500.00	17 700.00	8 850.00	1 770.00	885.00	885.00	6 195.00	36 285.00
销售部门		68 320.00	57 300.00	11 460.00	5 730.00	1 146.00	573.00	573.00	4 011.00	23 493.00
合计		1 211 600.00	1 058 700.00	211 740.00	105 870.00	21 174.00	10 587.00	10 587.00	74 109.00	434 067.00

61-3　12 月份工会经费计算表

12 月份工会经费计算表　　单位：元

部门	明细	应付职工薪酬	工会经费 2%
制造车间	管理人员	115 200.00	2 304.00
	生产工人	925 260.00	18 505.20
	小计	1 040 460.00	20 809.20
管理部门		102 820.00	2 056.40
销售部门		68 320.00	1 366.40
合计		1 211 600.00	24 232.00

61-4　12 月份职工薪酬费用汇总表

12 月份职工薪酬费用汇总表　　单位：元

部门	明细	应付职工薪酬	企业负担社会保险费和住房公积金	提取的工会经费	合计
制造车间	管理人员	115 200.00	41 246.00	2 304.00	158 750.00
	生产工人	925 260.00	333 043.00	18 505.20	1 276 808.20
	小计	1 040 460.00	374 289.00	20 809.20	1 435 558.20
管理部门		102 820.00	36 285.00	2 056.40	141 161.40
销售部门		68 320.00	23 493.00	1 366.40	93 179.40
合计		1 211 600.00	434 067.00	24 232.00	1 669 899.00

61-5　职工薪酬费用分配表

职工薪酬费用分配表

分配对象	成本或费用项目	工时	分配率	分配金额
合同履约成本-A岸桥项目	直接人工	20 000	12.7681	255 361.64
合同履约成本-B龙门吊项目	直接人工	30 000	12.7681	383 042.46
基本生产成本	直接人工	50 000	12.7681	638 404.10
合计		100 000		1 276 808.20
制造费用				158 750.00
管理费用				141 161.40
销售费用				93 179.40
总计				1 669 899.00

转 账 凭 证

2022年12月31日　　　　　　　　　　　　　转字第 $25\frac{1}{2}$ 号

丙式—143　北京成文厚账簿卡片公司监制　12×21厘米(麦)

摘　要	总账科目	明细科目	√	借方金额 千百十万千百十元角分	贷方金额 千百十万千百十元角分	附单据
提取社保、住房公积金等	合同履约成本	A岸桥项目	√	2 5 5 3 6 1 6 4		
		B龙门吊项目	√	3 8 3 0 4 2 4 6		5 张
	基本生产成本		√	6 3 8 4 0 4 1 0		
	制造费用		√	1 5 8 7 5 0 0 0		
	管理费用		√	1 4 1 1 6 1 4 0		
合　　计						

财务主管　　　记账　　　　出纳　　　　审核　　　　制单

转 账 凭 证

2007年10月31日　　　　　　　　　　　　　转字第 $25\frac{2}{2}$ 号

丙式—143　北京成文厚账簿卡片公司监制　12×21厘米(麦)

摘　要	总账科目	明细科目	√	借方金额 千百十万千百十元角分	√	贷方金额 千百十万千百十元角分	附单据
提取住房公积金等	销售费用		√	9 3 1 9 9 4 0			
	应付职工薪酬	出包住宿楼工程	√	1 6 6 9 8 9 9 0 0			张
合　　计				1 6 6 9 8 9 9 0 0		1 6 6 9 8 9 9 0 0	

财务主管　　　记账　　　　出纳　　　　审核　　　　制单

【**业务 62**】 12月31日,将本月应付的社会保险费、住房公积金和个人所得税转出。

（原始凭证：12月份应付社会保险费、住房公积金和个人所得税汇总表）

62-1　12月份应付社会保险费、住房公积金和个人所得税汇总表

12月份应付社会保险费、住房公积金和个人所得税汇总表

	职工负担	企业负担	合计
社会保险费	116 457.00	359 958.00	476 415.00
住房公积金	74 109.00	74 109.00	148 218.00
工会经费		24 232.00	24 232.00
个人所得税	9 460.00		9 460.00
合计	200 026.00	458 299.00	658 325.00

转 账 凭 证

2022年12月31日　　　　　转字第 2 6 号

左侧竖排：北京成文厚账簿卡片公司监制　丙式一143　12×21厘米（麦）

摘　要	总账科目	明细科目	✓	借方金额 千百十万千百十元角分	✓	贷方金额 千百十万千百十元角分
应付住房公积金等	应付职工薪酬		✓	6 5 8 3 2 5 0 0		
	其他应付款	应付社会保险费			✓	4 7 6 4 1 5 0 0
		应付住房公积金			✓	1 4 8 2 1 8 0 0
		应付工会经费			✓	2 4 2 3 2 0 0
	应交税费	个人所得税			✓	9 4 6 0 0 0
合　　计				6 5 8 3 2 5 0 0		6 5 8 3 2 5 0 0

右侧：附单据 1 张

财务主管　　　记账　　　出纳　　　审核　　　制单

【业务63】　12月31日，计提本月固定资产折旧费用。（原始凭证：折旧费用计算表）

63-1　折旧费用计算表

折旧费用计算表

使用部门	固定资产项目	上月折旧额	上月增加固定资产		上月减少固定资产		本月折旧额	费用分配
			原值	月折旧额	原值	月折旧额		
基本生产车间	房屋建筑	251 500					251 500	制造费用
	机器设备	156 400	5 806 250	46 450			202 850	
	码头	200 500					200 500	
	小计	608 400					654 850	
行政管理部门	房屋建筑	167 500					167 500	管理费用
	运输设备	120 550			159 375	2 550	118 000	
	办公设备	41 150					41 150	
	小计	329 200					326 650	
销售部门	房屋建筑	44 200					44 200	销售费用
	办公设备	21 460	16 250	260			21 720	
	小计	65 660					65 920	
合计							1 047 420	

转 账 凭 证

2022年12月31日　　　　　　　转字第 27 号

北京成文厚账簿卡片公司监制　丙式—143　12×21厘米(支)

摘　要	总账科目	明细科目	✓	借方金额 千百十万千百十元角分	✓	贷方金额 千百十万千百十元角分
计提固定资产折旧	制造费用		✓	6 5 4 8 5 0 0 0		
	管理费用		✓	3 2 6 6 5 0 0 0		
	销售费用		✓	6 5 9 2 0 0 0		
	累计折旧				✓	1 0 4 7 4 2 0 0 0 0
合　　　计				1 0 4 7 4 2 0 0 0 0		1 0 4 7 4 2 0 0 0 0

附单据 1 张

财务主管　　　记账　　　　出纳　　　　审核　　　　制单

【**业务 64**】　12 月 31 日,计算分配本月应付上海电力公司电费,费用价税合计为 865 498.32 元,费用尚未支付。(原始凭证:增值税专用发票,电费分配表)

64-1　增值税专用发票

上海增值税专用发票

发 票 联

开票日期:2022 年 12 月 28 日

购货单位	名　　称:上海振兴港口机械有限公司 纳税人识别号:(略) 地址、电话:(略) 开户行及账号:(略)	密码区	(略)

货物或应税劳务名称	规格型号	单位	数量	单价	金额	税率	税额
餐饮费					348 126.00	16%	55 700.16
合计					348 126.00		55 700.16

价税合计(大写)	肆拾万叁仟捌佰贰拾陆元壹角陆分	(小写) ￥403 826.16

销货单位	名　　称:上海电力公司 纳税人识别号:(略) 地址、电话:(略) 开户行及账号:(略)	备注	

第三联:发票联 购货方记账凭证

64-2　电费分配表

电费分配表

	用电度数	分配率	分配金额
车间	520 182.00		
管理部门	60 028.00		
合计	580 210.00		

转　账　凭　证

2022年12月31日　　　　　　　　　　转字第　2 8　号

丙式—143
北京成文厚账簿卡片公司监制
12×21厘米(麦)

摘　　　要	总账科目	明细科目	√	借　方　金　额	√	贷　方　金　额
				千百十万千百十元角分		千百十万千百十元角分
分配本月的电费	制造费用		√	3 1 2 1 0 9 2 0		
	管理费用		√	3 6 0 1 6 8 0		
	应交税费	应交增值税	√	5 5 7 0 0 1 6		
	应付账款	上海电力公司			√	4 0 3 8 2 6 1 6
合　　　　　计				4 0 3 8 2 6 1 6		4 0 3 8 2 6 1 6

附单据 2 张

财务主管　　　记账　　　出纳　　　审核　　　制单

【业务 65】　12 月 31 日,分配本月制造费用(分配标准:生产工人薪酬)。(原始凭证:制造费用分配表)

65-1　制造费用分配表

制造费用分配表

分配对象	成本或费用项目	生产工人薪酬	分配率	分配金额
合同履约成本-A 岸桥项目	直接人工			
合同履约成本-B 龙门吊项目	直接人工			
基本生产成本	直接人工			
合计				

参考答案:

制造费用分配表

分配对象	成本或费用项目	生产工人薪酬	分配率	分配金额
合同履约成本-A 岸桥项目	直接人工	255 361.64	1.741 8	444 796.01
合同履约成本-B 龙门吊项目	直接人工	383 042.46	1.741 8	667 194.01
基本生产成本	直接人工	638 404.10	1.741 8	1 111 990.02
合计		1 276 808.20		2 223 980.04

转 账 凭 证

2022年12月31日 　　　　　　转字第 2 9— 号

摘　　要	总账科目	明细科目	✓	借　方　金　额											✓	贷　方　金　额										
				千	百	十	万	千	百	十	元	角	分			千	百	十	万	千	百	十	元	角	分
分配本月的制造费用	合同履约成本	A岸桥项目	✓			4	4	4	7	9	6	0	1												
		B龙门吊项目	✓			6	6	7	1	9	6	0	1												
	基本生产成本		✓		1	1	1	1	9	9	0	0	2												
	制造费用													✓		2	2	2	3	9	8	0	0	4
合　　　　计					2	2	2	8	9	8	0	0	4			2	2	2	3	9	8	0	0	4

财务主管　　　　记账　　　　　出纳　　　　　　审核　　　　　制单

北京成文厚账簿卡片公司监制　　丙式—143　　12×21厘米（麦）　　附单据 2 张

【业务66】 12月31日，结转本月完工产品成本。（原始凭证：完工产品成本计算表）

66-1　完工产品成本计算表

完工产品成本计算表

项目	直接材料	直接人工	制造费用	合计
期初在产品成本	245 986.22	338 965.85	671 507.14	1 256 459.21
本期生产费用	532 685.65	638 404.10	1 111 990.02	2 283 079.77
合计	778 671.87	977 369.95	1 783 497.16	3 539 538.98
完工产品成本	412 568.21	512 598.87	920 462.92	1 845 630.00
期末在产品成本	366 103.66	464 771.08	863 034.24	1 693 908.98

转 账 凭 证

2022年12月31日 　　　　　　转字第 3 0 号

摘　　要	总账科目	明细科目	✓	借　方　金　额											✓	贷　方　金　额										
				千	百	十	万	千	百	十	元	角	分			千	百	十	万	千	百	十	元	角	分
结转完工成本	库存商品		✓		1	8	4	5	6	3	0	0	0												
	基本生产成本													✓		1	8	4	5	6	3	0	0	0
合　　　　计					1	8	4	5	6	3	0	0	0			1	8	4	5	6	3	0	0	0

财务主管　　　　记账　　　　　出纳　　　　　　审核　　　　　制单

北京成文厚账簿卡片公司监制　　丙式—143　　12×21厘米（麦）　　附单据 1 张

【业务67】 12月31日，结转本月销售产品的成本1 648 945元。（原始凭证：产品销售成本计算表）

67-1　产品销售成本计算表

产品销售成本计算表

项目	直接材料	直接人工	制造费用	合计
销售产品成本	219 771.97	302 842.96	599 946.00	1 648 945.00

转 账 凭 证

2022年12月31日　　　　　　　　转字第　3 1　号

北京成文厚账簿卡片公司监制　丙式—143　12×21厘米(麦)

摘　要	总账科目	明细科目	√	借方金额 千百十万千百十元角分	√	贷方金额 千百十万千百十元角分
结转本月销售成本	主营业务成本		√	1 6 4 8 9 4 5 0 0		
	库存商品				√	1 6 4 8 9 4 5 0 0
合　　计				1 6 4 8 9 4 5 0 0		1 6 4 8 9 4 5 0 0

附单据 1 张

财务主管　　　　记账　　　　出纳　　　　审核　　　　制单

【业务 68】　12 月 31 日,月末按完工百分比法确认 A 岸桥项目的收入,同时结转成本。(原始凭证:收入成本计算表)

68-1　A 岸桥项目收入成本计算表

项　　目	2020 年	2021 年	2022 年	合　　计
当期发生成本	1 259 475.32	1 866 452.36	1 549 458.58	——
目前为止累计发生成本	1 259 475.32	3 125 927.68	4 675 386.26	——
完成合同尚需发生成本	5 300 600.00	3 506 620.00	2 081 033.74	——
预计工程总成本	6 560 075.32	6 632 547.68	6 756 420.00	——
完工百分比	19.20%	47.13%	69.20%	——
截止当期应确认收入	1 659 426.08	4 073 574.10	5 981 056.87	——
当期应确认收入	1 659 426.08	2 414 148.02	1 907 482.78	5 981 056.87
增值税销项税	265 508.17	386 263.68	305 197.24	956 969.10
价税合计	1 924 934.25	2 800 411.70	2 212 680.02	
当期确认成本	1 259 475.32	1 866 452.36	1 549 458.58	4 675 386.26
当年结算工程款	1 800 000.00	2 500 000.00	2 500 000.00	6 800 000.00
当期收到工程款	1 500 000.00	2 100 000.00	2 800 000.00	6 400 000.00

转 账 凭 证

2022年12月31日   转字第 3 2 号

丙式—143

摘 要	总账科目	明细科目	√	借方金额 千百十万千百十元角分	√	贷方金额 千百十万千百十元角分
确认A岸桥项目收入	合同结算	A岸桥项目	√	2 2 1 2 6 8 0 0 2		
	主营业务收入				√	1 9 0 7 4 8 2 7 8
	应交税费	应交增值税				3 0 5 1 9 4 2 4
合 计				2 2 1 2 6 8 0 0 2		2 2 1 2 6 8 0 0 2

附单据 1 张

12×21厘米(麦)

财务主管   记账   出纳   审核   制单

转 账 凭 证

2022年12月31日   转字第 3 3 号

丙式—143

北京成文厚账簿卡片公司监制

摘 要	总账科目	明细科目	√	借方金额 千百十万千百十元角分	√	贷方金额 千百十万千百十元角分
结转A岸桥项目成本	主营业务成本		√	1 5 4 9 4 5 8 5 8		
	合同履约成本	A岸桥项目			√	1 5 4 9 4 5 8 5 8
合 计				1 5 4 9 4 5 8 5 8		1 5 4 9 4 5 8 5 8

附单据 1 张

12×21厘米(麦)

财务主管   记账   出纳   审核   制单

【业务69】 12月31日,月末按完工百分比法确认B龙门吊项目的收入,同时结转成本。(原始凭证:收入成本计算表)

69-1 B龙门吊项目收入成本计算表

项 目	2021年	2022年	合 计
当期发生成本	2 165 025.32	1 711 069.84	—
目前为止累计发生成本	2 165 025.32	3 876 095.16	—
完工百分比(按完成工程量)	21.00%	36%	—
截止当期应确认收入	2 625 674.10	4 501 155.60	—
当期应确认收入	2 625 674.10	1 875 481.50	4 501 155.60
增值税销项税	420 107.86	300 077.04	720 184.90
价税合计	3 045 781.96	2 175 558.54	5 221 340.50
当期确认成本	2 075 983.35	1 614 016.65	3 690 000.00
当年结算工程款	2 850 000.00	1 950 000.00	4 800 000.00
当期收到工程款	2 100 000.00	2 350 000.00	4 450 000.00

转 账 凭 证

2022年12月31日　　　　　　　　　　转字第　34　号

北京成文厚账簿卡片公司监制　丙式—143　12×21厘米（麦）

摘　要	总账科目	明细科目	√	借方金额 千百十万千百十元角分	√	贷方金额 千百十万千百十元角分	附单据
确认B龙门吊项目收入	合同结算	B龙门吊项目	√	2 1 7 5 5 5 8 5 4			1张
	主营业务收入				√	1 8 7 5 4 8 1 5 0	
	应交税费	应交增值税			√	3 0 0 0 7 7 0 4	
合　计				2 1 7 5 5 5 8 5 4		2 1 7 5 5 5 8 5 4	

财务主管　　　　记账　　　　出纳　　　　审核　　　　制单

转 账 凭 证

2022年10月25日　　　　　　　　　　转字第　35—　号

北京成文厚账簿卡片公司监制　丙式—143　12×21厘米（麦）

摘　要	总账科目	明细科目	√	借方金额 千百十万千百十元角分	√	贷方金额 千百十万千百十元角分	附单据
结转B龙门吊项目成本	主营业务成本		√	1 6 1 4 0 1 6 6 5			1张
	合同履约成本	B龙门吊项目			√	1 6 1 4 0 1 6 6 5	
合　计				1 6 1 4 0 1 6 6 5		1 6 1 4 0 1 6 6 5	

财务主管　　　　记账　　　　出纳　　　　审核　　　　制单

【业务70】　12月31日，与江南港口有限公司结算A岸桥项目本年工程款2 500 000元。（原始凭证：工程项目结算表）

70-1　工程项目结算表

工程项目结算表

项目名称：A岸桥项目

项　目	合　计
合同总金额	8 643 250.00
已结算金额	4 300 000.00
当期结算金额	2 500 000.00
累计结算金额	6 800 000.00

转 账 凭 证

2022年12月31日　　　　　　转字第　36—　号

摘　　　要	总账科目	明细科目	√	借方金额 千百十万千百十元角分	√	贷方金额 千百十万千百十元角分
与江南港口结算A岸桥项目	应收账款	江南港口公司	√	2 5 0 0 0 0 0 0 0 0		
	合同结算	A岸桥项目			√	2 5 0 0 0 0 0 0 0 0
合　　　计				2 5 0 0 0 0 0 0 0 0		2 5 0 0 0 0 0 0 0 0

财务主管　　　　记账　　　　出纳　　　　审核　　　　制单

附单据 1 张

丙式—143　北京成文厚账簿卡片公司监制　12×21厘米（麦）

【**业务71**】　12月31日，与华南港口有限公司结算B龙门吊项目本年工程款4 800 000元。（原始凭证：工程项目结算表）

71-1　工程项目结算表

工程项目结算表

项目名称：B龙门吊项目

项　　　目	合　　　计
合同总金额	12 503 210.00
已结算金额	2 850 000.00
当期结算金额	1 950 000.00
累计结算金额	4 800 000.00

转 账 凭 证

2022年12月31日　　　　　　转字第　37　号

摘　　　要	总账科目	明细科目	√	借方金额 千百十万千百十元角分	√	贷方金额 千百十万千百十元角分
与华南港口公司结算B龙门吊项目	应收账款	华南港口公司	√	4 8 0 0 0 0 0 0 0 0		
	合同结算	B龙门吊项目			√	4 8 0 0 0 0 0 0 0 0
合　　　计				4 8 0 0 0 0 0 0 0 0		4 8 0 0 0 0 0 0 0 0

财务主管　　　　记账　　　　出纳　　　　审核　　　　制单

附单据 1 张

丙式—143　北京成文厚账簿卡片公司监制　12×21厘米（麦）

【**业务 72**】　12 月 31 日,计算并结转本月应缴纳的企业所得税。(原始凭证:所得税纳税申报表)

　72-1　所得税纳税申报表

中华人民共和国企业所得税月度纳税申报表(A 类)

税款所属期间:2022 年 11 月 30 日至 12 月 31 日

纳税人名称:

纳税人识别号:(略)　　　　　　　　　　　　　　　　金额单位:元(列至角分)

类别	行次	项　目	金　额
利润总额计算	1	一、营业收入	6 444 369.38
	2	减:营业成本	5 151 531.13
利润总额计算	3	营业税金及附加	0.00
	4	销售费用	159 099.40
	5	管理费用	1 220 033.92
	6	财务费用	0.00
	7	资产减值损失	106 355.00
	8	加:公允价值变动损益	253 240.00
	9	投资收益	(28 380.37)
	10	二、营业利润	32 209.56
	11	加:营业外收入	232 500.00
	12	减:营业外支出	30 000.00
	13	三、利润总额	234 709.56
应纳税所得额计算	14	加:纳税调整增加额	106 355.00
	15	减:纳税调整减少额	0.00
	16	其中:不征税收入	0.00
	17	免税收入	0.00
	18	减计收入	0.00
	19	减、免税项目所得	0.00
	20	加计扣除	0.00
	21	抵扣应纳税所得额	0.00
	22	加:境外应税所得弥补境内亏损	0.00
	23	四、纳税调整后所得	341 064.56
	24	减:以前年度亏损	0.00
	25	五、应纳税所得额	341 064.56
所得税额计算	26	税率(25%)	
	27	六、应纳所得税额	85 266.14
	28	减:减免所得税额	0.00
	29	减:抵免所得税额	0.00
	30	七、应纳税额	85 266.14
	31	加:境外所得应纳所得税额	0.00
	32	减:境外所得抵免所得税额	0.00
	33	八、实际应纳所得税额	85 266.14

续表

类别	行次	项　目	金　额
所得税额计算	34	减：本年累计实际已预缴所得税额	0.00
	35	其中：汇总纳税的总机构分摊预缴的税额	0.00
	36	汇总纳税的总机构财政调库预缴的税额	0.00
	37	汇总纳税的总机构所属分支机构分摊的预缴税额	0.00
	38	合并纳税（母子体制）成员企业就地预缴比例	0.00
	39	合并纳税企业就地预缴的所得税额	0.00
	40	九、本年应补（退）的所得税额	0.00
附列资料	41	十、以前年度多缴的所得税额在本年抵减额	0.00
	42	十一、上年度应缴未缴在本年入库所得税额	0.00

谨声明：此纳税申报表是根据《中华人民共和国企业所得税法》《中华人民共和国企业所得税法实施条例》和国家有关税收规定填报的，是真实的、可靠的、完整的。

法定代表人（签字）：　　2022 年 12 月 31 日

纳税人公章： 会计主管： 填表日期：年 月 日	代理申报中介机构公章： 经办人： 经办人执业证件号码： 代理申报日期：年 月 日	主管税务机关受理专用章： 受理人： 受理日期：年 月 日

企业应纳税所得额

$$= 6\,006\,742.03 + 437\,627.35 + 253\,240.00 + 232\,500.00 - 28\,380.37 - 5\,151\,423.44 -$$
$$107.69 - 159\,099.40 - 1\,220\,033.92 - 30\,000.00$$
$$= 341\,064.56（元）$$

本月应缴纳的企业所得税 $= 341\,064.56 \times 25\% = 85\,266.14（元）$

转　账　凭　证

2022年10月25日　　　　　　　转字第　3 8—　号

北京成文厚账簿卡片公司监制　丙式—143　12×21厘米（麦）

摘　要	总账科目	明细科目	√	借 方 金 额		√	贷 方 金 额		附单据1张
				千百十万千百十元角分			千百十万千百十元角分		
计算企业本月企业所得税	所得税费用	男衬衫	√	8 5 2 6 6 1 4					
	应交税费	企业所得税				√	8 5 2 6 6 1 4		
合　　计				8 5 2 6 6 1 4			8 5 2 6 6 1 4		

财务主管　　　记账　　　出纳　　　审核　　　制单

【业务 73】　12 月 31 日,将损益类账户的余额结转至本年利润账户。

综合经济业务 56、经济业务 58、经济业务 70,结转本月所得税费用为 58 677.39 元。

本年利润账户期末贷方余额为 176 032.17 元。

转 账 凭 证

2022年10月31日　　　　转字第 39 1/2 号

北京成文厚账簿卡片公司监制　丙式—143　12×21厘米(麦)

摘要	总账科目	明细科目	✓	借方金额 千百十万千百十元角分	✓	贷方金额 千百十万千百十元角分
结转本年利润	本年利润		✓	6 7 5 4 0 7 7 2 1		
	投资收益				✓	2 8 3 8 0 3 7
	主营业务成本				✓	5 1 5 1 4 2 3 4 4
	其他业务成本				✓	1 0 7 6 9
	销售费用				✓	1 5 9 0 9 9 9 4 0
合　　计						

附单据 3 张

财务主管　　记账　　出纳　　审核　　制单

转 账 凭 证

2022年12月31日　　　　转字第 39 2/2 号

北京成文厚账簿卡片公司监制　丙式—143　12×21厘米(麦)

摘要	总账科目	明细科目	✓	借方金额 千百十万千百十元角分	✓	贷方金额 千百十万千百十元角分
结转本年利润	管理费用				✓	1 2 2 0 0 3 3 9 2
	资产减值损失				✓	1 0 6 3 5 5 0 0
	营业外支出				✓	3 0 0 0 0 0 0
	所得税费用				✓	5 8 6 7 7 3 9
合　　计				6 7 5 4 0 7 7 2 1		6 7 5 4 0 7 7 2 1

附单据 3 张

财务主管　　记账　　出纳　　审核　　制单

转 账 凭 证

2022年12月31日 　　　　转字第 ４０— 号

左侧竖排：丙式—143　北京成文厚账簿卡片公司监制　12×21厘米（麦）

摘　要	总账科目	明细科目	√	借方金额										√	贷方金额										附单据
				千	百	十	万	千	百	十	元	角	分		千	百	十	万	千	百	十	元	角	分	
结转本年利润	主营业务收入		√		6	0	0	6	7	4	2	0	3												3
	其他业务收入		√			4	3	7	6	2	7	3	5												张
	公允价值变动损溢		√			2	5	3	2	4	0	0	0												
	营业外收入		√			2	3	2	5	0	0	0	0												
	本年利润													√		6	9	3	0	3	0	9	3	8	
合　　计					6	9	3	0	3	0	9	3	8			6	9	3	0	3	0	9	3	8	

财务主管　　记账　　　　出纳　　　　审核　　　　制单

【业务 74】 年终结转本年利润，包括 1—11 月的净利润 2 072 000 元。

转 账 凭 证

2022年12月31日 　　　　转字第 ４１— 号

左侧竖排：丙式—143　北京成文厚账簿卡片公司监制　12×21厘米（麦）

摘　要	总账科目	明细科目	√	借方金额										√	贷方金额										附单据
				千	百	十	万	千	百	十	元	角	分		千	百	十	万	千	百	十	元	角	分	
结转本年利润	本年利润		√			2	0	7	2	0	0	0	0												1
	利润分配	未分配利润												√			2	0	7	2	0	0	0	0	张
合　　计						¥	2	0	7	2	0	0	0	0		¥	2	0	7	2	0	0	0	0	

财务主管　　记账　　　　出纳　　　　审核　　　　制单

【业务 75】 12 月 31 日，按照全年净利润的 10% 提取法定盈余公积金，按照全年净利润的 5% 提取任意盈余公积金。

转 账 凭 证

2022年12月31日 　　　　转字第 ４２ 号

左侧竖排：丙式—143　北京成文厚账簿卡片公司监制　12×21厘米（麦）

摘　要	总账科目	明细科目	√	借方金额										√	贷方金额										附单据
				千	百	十	万	千	百	十	元	角	分		千	百	十	万	千	百	十	元	角	分	
提取盈余公积	利润分配	提取法定盈余公积					2	2	4	8	0	3	2	2												1
		提取任意盈余公积	√				1	1	2	4	0	1	6	1												张
	盈余公积	法定盈余公积													√				2	2	4	8	0	3	2	2
		任意盈余公积													√				1	1	2	4	0	1	6	1
合　　计							3	3	7	2	0	4	8	3				3	3	7	2	0	4	8	3	

财务主管　　记账　　　　出纳　　　　审核　　　　制单

【业务 76】　12 月 31 日年终结转未分配利润。

年终未分配利润为 183 015 982.88 元。

转 账 凭 证

2022年12月31日　　　　　　转字第　4 3　号

左侧竖排文字：北京成文厚账簿卡片公司监制　丙式—143　12×21厘米（麦）

摘　要	总账科目	明细科目	✓	借方金额 千百十万千百十元角分	✓	贷方金额 千百十万千百十元角分	
年终分配利润	利润分配	未分配利润	✓	3 3 7 2 0 4 8 3			附单据 1 张
	利润分配	提取法定盈余公积			✓	2 2 4 8 0 3 2 2	
		提取任意盈余公积			✓	1 1 2 4 0 1 6 1	
合　　计				3 3 7 2 0 4 8 3		3 3 7 2 0 4 8 3	

财务主管　　　记账　　　出纳　　　审核　　　制单

4.4　实训目标企业期末数据

上海振兴港口机械有限公司 2022 年 12 月 31 日总账数据资料如下表所示。

总账科目余额表（结账前）

2022 年 12 月 31 日　　　　　　　　　　　　　　　单位：元

编号	科目名称	借方余额	贷方余额
	资产类		
1001	库存现金	648 678.54	0
1002	银行存款	31 606 163.00	0
1003	其他货币资金	1 532 095.13	0
1101	交易性金融资产	4 351 776.43	0
1121	应收票据	118 772 605.13	0
1122	应收账款	147 542 808.23	0
1123	预付账款	16 531 604.32	0
1132	应收利息	62 978.80	0
1221	其他应收款	153 650 784.32	0
1231	坏账准备	0	412 216.21
1402	在途物资	1 132 103.65	0
1403	原材料	76 619 257.20	0
1405	库存商品	256 149 050.23	0
1412	低值易耗品	1 305 807.32	0
1471	存货跌价准备	0	3 328 931.32
1481	持有待售资产	5 131 416.16	0

编号	科目名称	借方余额	贷方余额
1482	持有待售资产减值准备	0	21 616.16
	合同履约成本	0	919 761.58
	其他流动资产	0	0
1501	债权投资	1 623 111.30	0
1507	其他债权投资	376 716.72	0
1511	长期股权投资	1 336 361.72	0
1512	长期股权投资减值准备	0	351 362.23
1528	其他权益工具投资	6 936 012.15	0
1601	固定资产	9 580 675 673.89	0
1602	累计折旧	0	1 235 639 821.30
1603	固定资产减值准备	0	25 750 729.12
1604	在建工程	34 285 890.66	0
1701	无形资产	9 387 914.19	0
1702	累计摊销	0	201 552.30
1703	无形资产减值准备	0	131 356.16
1801	长期待摊费用	111 652.15	0
1811	递延所得税资产	26 588.75	0
1901	待处理财产损溢	0.00	0
5301	研发支出	1 926 538.59	0
	其他非流动资产	4 388 238.56	0
	负债类		
2001	短期借款	0	5 820 000.00
2101	交易性金融负债	0	313 121.13
2201	应付票据	0	29 843 496.96
2202	应付账款	0	27 691 576.88
2203	预收账款	0	1 511 515.12
2211	应付职工薪酬	0	33 533 002.03
2221	应交税费	0	13 799 351.65
2232	应付利息	0	101 613.12
2241	其他应付款	0	6 361 618 671.62
2245	持有待售负债	0	115 549.21
	其他流动负债	0	0
2501	长期借款	0	1 807 650 000.00
2701	长期应付款	0	1 212 180.42
2801	预计负债	0	34 562 446.28
2901	递延所得税负债	0	0
	其他非流动负债	0	7 300 000.00
	所有者权益类		
4001	实收资本	0	546 670 000.00
4002	资本公积	0	95 526 900.00
4003	其他综合收益	0	26 471 546.54

续表

编号	科目名称	借方余额	贷方余额
4101	盈余公积	0	11 576 104.20
4103	未分配利润	0	183 177 155.54
4401	其他权益工具	0	719 216.12
	成本类		
5001	生产成本	81 790.59	0
5101	制造费用	38 473.78	0
	损益类		
6001	主营业务收入	0	6 006 742.03
6051	其他业务收入	0	437 627.35
6101	公允价值变动损益	0	253 240.00
6111	投资收益	28 380.37	0
6301	营业外收入	0	232 500.00
6401	主营业务成本	5 151 423.44	0
6402	其他业务成本	107.69	0
6601	销售费用	159 099.40	0
6602	管理费用	1 220 033.92	0
6701	资产减值损失	106 355.00	0
6711	营业外支出	30 000.00	0
6801	所得税	0	26 588.75
	合计	10 462 927 491.33	10 462 927 491.33

上海振兴港口机械有限公司 2022 年 12 月 31 日会计报表如下表所示。

资产负债表

编制单位：上海振兴港口机械有限公司　2022 年 12 月 31 日　　　　　　单位：元

资产	期末余额	负债和所有者权益	期末余额
流动资产：		流动负债：	
货币资金	33 786 936.67	短期借款	5 820 000.00
交易性金融资产	4 351 776.43	交易性金融负债	313 121.13
应收票据	118 772 605.13	应付票据	29 843 496.96
应收账款	147 130 592.02	应付账款	27 691 576.88
预付账款	16 531 604.32	预收账款	1 511 515.12
应收利息	62 978.80	应付职工薪酬	33 533 002.03
其他应收款	153 650 784.32	应交税费	13 884 617.79
存货	331 077 789.87	应付利息	101 613.12
持有待售资产	5 109 800.00	其他应付款	6 361 618 671.62
其他流动资产	0	持有待售负债	115 549.21
		其他流动负债	0
流动资产合计	810 474 867.56		

续表

资产	期末余额	负债和所有者权益	期末余额
		流动负债合计	6 474 433 163.86
非流动资产：			
债权投资	1 623 111.30	非流动负债：	
其他债权投资	376 716.72	长期借款	1 807 650 000.00
长期股权投资	984 999.49	长期应付款	1 212 180.42
其他权益工具投资	6 936 012.15	预计负债	34 562 446.28
固定资产	8 319 285 123.47	递延所得税负债	0
在建工程	34 285 890.66	其他非流动负债	7 300 000.00
无形资产	9 055 005.73		
长期待摊费用	111 652.15	非流动负债合计	1 850 724 626.70
递延所得税资产	26 588.75		
待处理财产损溢	0.00	负债合计	8 325 157 790.56
开发支出	1 926 538.59	所有者权益：	
其他非流动资产	4 388 238.56	实收资本	546 670 000.00
		资本公积	95 526 900.00
非流动资产合计	8 378 999 877.57	其他综合收益	26 471 546.54
		盈余公积	11 913 309.03
		未分配利润	183 015 982.88
		其他权益工具	719 216.12
		所有者权益合计	864 316 954.57
资产合计	9 189 474 745.13	负债和所有者权益合计	9 189 474 745.13

本 章 小 结

本章介绍了被审计单位的会计资料。

被审计单位的会计资料包括实训目标企业会计科目表、实训目标企业 11 月 30 日总账科目余额表、资产负债表及明细账余额表、实训目标企业 12 月经济业务，以及实训目标企业期末的数据。

第 **5** 章

接受审计业务与编制审计计划实训

学习目标

- 了解被审计单位的基本情况,掌握编写风险调查问卷及风险评价表
- 掌握企业重要性水平的估计及重要性水平的分配
- 掌握分析性测试编制工作底稿
- 会编制业务约定书
- 编制企业审计总计划书

5.1　了解被审计单位基本情况

注册会计师应当从以下方面了解被审计单位及其环境:(1)行业状况、法律环境与监管环境以及其他外部因素;(2)被审计单位的性质;(3)被审计单位对会计政策的选择和运用;(4)被审计单位的目标、战略以及相关经营风险;(5)被审计单位财务业绩的衡量和评价;(6)被审计单位的内部控制。

其中,(1)为外部因素,(2)(3)(4)(6)为内部因素,(5)既有内部也有外部;另外各方面的因素情况可能会互相影响,注册会计师在了解各方面情况时,应当考虑各个因素之间的相互关系。

一、了解被审计单位及其环境

从以下方面了解被审计单位及其环境,并评估相应重大错报风险:

1. 行业状况、法律环境与监管环境以及其他外部因素;
2. 被审计单位的性质;
3. 被审计单位对会计政策的选择和运用;
4. 被审计单位的目标、战略以及相关经营风险;
5. 被审计单位财务业绩的衡量和评价。

二、行业状况、法律环境与监管环境以及其他外部因素（外部因素）

（一）实施的风险评估程序

可以实施的风险评估程序如下：向被审计单位销售总监询问其主要产品、行业发展状况等信息；查阅××券商编写的关于被审计单位及其所处行业的研究报告；将被审计单位的关键业绩指标（销售毛利率、市场占有率等）与同行业中规模相近的企业进行比较。

（二）了解的内容和评估出的风险

1. 行业状况

（1）所在行业的市场供求与竞争

例如：被审计单位的主要产品是什么？所处什么行业？行业的总体发展趋势是什么？行业处于哪一总体发展阶段（例如：起步、快速成长、成熟或衰退阶段）？市场需求、市场容量和价格竞争如何？行业上下游关系如何？谁是被审计单位最重要的竞争者，他们所占的市场份额是多少？被审计单位及其竞争者主要的竞争优势是什么？

（2）生产经营的季节性和周期性

例如：行业是否受经济周期波动影响，以及采取了什么行动使波动的影响最小化？行业生产经营和销售是否受季节影响？

（3）产品生产技术的变化

例如：本行业的核心技术是什么？受技术发展影响的程度如何？行业是否开发了新的技术？被审计单位在技术方面是否具有领先地位？

（4）能源供应与成本

例如：能源消耗在成本中所占比重，能源价格的变化对成本的影响？

（5）行业的关键指标和统计数据

例如：行业产品平均价格、产量是多少？被审计单位业务的增长率和财务业绩与行业的平均水平及主要竞争者相比如何？存在重大差异的原因是什么？竞争者是否采取了某些行动，如购并活动、降低销售价格、开发新技术等，从而对被审计单位的经营活动产生影响？

2. 法律环境及监管环境

（1）适用的会计准则、会计制度和行业特定惯例

例如被审计单位是属于上市公司、外商投资企业还是其他企业？相应地，适用的会计准则或会计制度是什么？例如是企业会计准则还是《企业会计制度》或者《小企业会计制度》？是否仍采用行业核算办法？

（2）对经营活动产生重大影响的法律法规及监管活动

例如：国家对该行业是否有特殊监管要求？

（3）对开展业务产生重大影响的政府政策

包括货币、财政、税收和贸易等政策，例如：现行货币政策、财政政策、关税和贸易限制或税务法规对被审计单位经营活动产生怎样影响？

（4）与被审计单位所处行业和所从事经营活动相关的环保要求

例如：是否存在新出台的法律法规（如新出台的有关产品责任、劳动安全或环境保护的法律法规等），对被审计单位有何影响？

3．其他外部因素

（1）宏观经济的景气度

（2）利率和资金供求状况

（3）通货膨胀水平及币值变动

（4）国际经济环境和汇率变动

例如：当前的宏观经济状况如何（萧条、景气），以及未来的发展趋势？利率和资金供求状况如何影响被审计单位的经营活动？目前国内或本地区的经济状况（如增长率、通货膨胀、失业率、利率等）如何影响被审计单位的经营活动？被审计单位的经营活动是否受到汇率波动或全球市场力量的影响？

三、被审计单位的性质

（一）实施的风险评估程序

1．向董事长等高管人员询问被审计单位的所有权结构、治理结构、组织结构、近期主要投资、筹资情况。

2．向销售人员询问相关市场信息，如主要客户和合同、付款条件、主要竞争者、定价政策、营销策略等。

3．查阅组织结构图、治理结构图、公司章程，主要销售、采购、投资、债务合同等。

4．实地察看被审计单位主要生产经营场所。

（二）了解的内容和评估出的风险

1．所有权结构

（1）所有权性质（属于国有企业、外商投资企业、民营企业还是其他类型）

（2）所有者和其他人员或单位的名称，以及与被审计单位之间的关系

（3）控股母公司

例如：控股母公司的所有权性质，管理风格及其对被审计单位经营活动及财务报表

可能产生的影响？控股母公司与被审计单位在资产、业务、人员、机构、财务等方面是否分开，是否存在占用资金等情况？控股母公司是否施加压力，要求被审计单位达到其设定的财务业绩目标？

2.治理结构

（1）获取或编制被审计单位治理结构图

（2）对图示内容作出详细解释说明

例如：董事会的构成和运作情况，董事会内部是否有独立董事，独立董事的人员构成治理结构中是否设有审计委员会或监事会及其运作情况等。

3.组织结构

（1）获取或编制被审计单位组织结构图

（2）对图示内容做出详细解释说明

组织结构是否复杂，是否可能导致重大错报风险，包括财务报表合并、商誉减值、长期股权投资核算以及特殊目的实体核算等问题？

4.经营活动

（1）主营业务的性质

（2）主要产品及描述

（3）与生产产品或提供劳务相关的市场信息

例如：主要客户和合同、付款条件、利润率、市场份额、竞争者、出口、定价政策、产品声誉、质量保证、营销策略和目标等。

（4）业务的开展情况

例如：业务分部的设立情况，产品和服务的交付情况，衰退或扩展的经营活动情况。

（5）联盟、合营与外包情况

（6）从事电子商务的情况；是否通过互联网销售产品，提供服务或从事营销活动

（7）地区与行业分布

例如：是否涉及跨地区经营和多种经营，各个地区和各行业分布的相对规模以及相互之间是否存在依赖关系。

（8）生产设施、仓库的地理位置及办公地点

（9）关键客户

例如：销售对象是少量的大客户还是众多的小客户？是否有被审计单位高度依赖的特定客户（如超过销售总额10％顾客）？是否有造成高回收性风险的若干客户或客户类别（如正处在一个衰退市场中的客户）？是否与某些客户订立了不寻常的销售条款或条件。

（10）重要供应商

例如：主要供应商名单、付款条件；是否签订长期供应合同？原材料供应的可靠性

和稳定性如何？原材料是否受重大价格变动的影响？

（11）劳动用工情况

例如：分地区用工情况，劳动力供应情况，工资水平、退休金和其他福利、股权激励或其他奖金安排，适用的劳动用工事项相关法规。

（12）研究与开发活动及其支出

例如：从事的研究与开发活动，研发支出占收入比重，与同行业相比情况。

（13）关联方交易

例如：哪些客户或供应商是关联方？对关联方和非关联方是否采用不同的销售？关联方交易以及定价政策。

5. 投资活动

（1）近期拟实施或已实施的并购活动与资产处置情况

例如：被审计单位有哪些并购活动或某些业务的终止？如何与目前的经营业务相协调？是否会引发进一步的经营风险？

（2）证券投资、委托贷款的发生与处置

（3）资本性投资活动

例如：固定资产和无形资产投资，近期发生的或计划发生的投资变动，重大的资本承诺。

（4）不纳入合并范围的投资

例如：联营、合营或其他投资，包括近期计划的投资项目。

6. 筹资活动

（1）债务结构和相关条款，包括担保情况及表外融资

例如：获得的信贷额度是否可以满足营运需要得到的融资条件及利率是否与竞争对手相似？如不相似，原因何在？是否存在违反借款合同中限制性条款的情况？是否承受重大的汇率与利率风险？

（2）固定资产的租赁

例如：通过融资租赁方式进行的筹资活动。

（3）关联方融资

例如：关联方融资的特殊条款，关联方融资占融资总额的比重。

（4）实际受益股东

例如：被审计单位实际受益股东的名称、国籍、商业声誉和经验，以及可能对被审计单位产生的影响。

（5）衍生金融工具的运用

例如：衍生金融工具是用于交易目的还是套期目的？衍生金融工具的种类，使用衍生金融工具的范围，交易对手。

四、被审计单位对会计政策的选择和运用

（一）实施的风险评估程序

1. 向财务总监询问被审计单位采用的主要会计政策、会计政策变更的情况、财务人员配备和构成情况等；

2. 查阅被审计单位会计工作手册、操作指引等财务资料和内部报告。

（二）了解的内容和评估出的风险

1. 被审计单位选择和运用的会计政策；

2. 会计政策变更的情况；

3. 披露。例如：被审计单位是否按照适用的会计准则和会计制度对会计政策的选择和运用进行了恰当的披露。

五、被审计单位的目标、战略以及相关经营风险

（一）风险评估程序

1. 向董事长等高级管理人员询问被审计单位实施的或准备实施的目标和战略；

2. 查阅被审计单位经营规划和其他文件。

（二）了解的内容和评估出的风险

1. 目标、战略；

2. 相关经营风险；

3. 被审计单位的风险评估。

六、被审计单位财务业绩的衡量和评价（内部、外部因素）

（一）实施的风险评估程序

1. 查阅被审计单位管理层和员工业绩考核与激励性报酬政策、分布信息与不同层次部门的业绩报告等。

2. 实施分析程序，将内部财务业绩指标与被审计单位设定的目标值进行比较，与竞争对手的业绩进行比较，分析业绩趋势等。

（二）了解的内容和评估出的风险

1. 关键业绩指标；
2. 业绩趋势；
3. 预测、预算和差异分析。

5.2　了解被审计单位情况及编制审计计划实务

5.2.1　编制被审计单位基本情况表

被审计单位基本概况表

索引号：M1-1

页　次：1

客户名称：		法定地址：		
法人代表：		电话：		邮编：
经济性质：		经营范围：		
营业执照号码：		合资(联营)合同期限：		
纳税人登记号：		开始经营日：		
职工总数：		其中管理人员：	生产经营人员：	

委托单位主要管理人员								
董事会成员	姓名	电话	主要管理人员	姓名	电话	主要管理人员	姓名	电话
董事长			总经理			总会计师		
副董事长			副总经理			财务经理		
董事								

投资人名称	投资总额：				注册资本验证情况
	注册资本		实际投入资本		
	金额	占注册资本总额%	金额	占投入资本总额%	
变更事项登记：					
合　计					

编制人：　　　　　　　日期：　　　　　　　复核人：　　　　　　　日期：

5.2.2　编写被审计单位风险调查问卷

业务风险和控制风险环境调查问卷

客户：		签名		日期	索引号	M1-2
项目：业务风险和控制风险环境调查问卷		编制人			页次	
会计期间：　年　月　日—　年　月　日		复核人				

调查内容	是	否	不适用
1. 关于约定审计业务			
1.1　管理当局是否在过去与注册会计师缺乏充分合作？			
1.2　管理当局是否对审计人员或签发审计报告的时间期限提出不合理要求？			
1.3　是否存在有意或无意限制审计人员与高层管理人员、董事会交流的情况？			
1.4　管理当局是否未能主动提供重大或非正常交易的相关信息？			
1.5　此次审计是不是客户第一次接受审计？			
1.6　更换会计师事务所的原因是否存在不正常或有争议的问题？			
2. 关于经营活动			
2.1　经营主体是否存在较长的经营周期？			
2.2　经营主体是否使用复杂或新型的金融工具？			
2.3　经营主体是不是处在变动频繁的行业或市场中？			
2.4　所作的重大财务预测是否存在主观性、复杂性或不确定性？			
2.5　经营主体所处的行业是否与可疑的或非法活动相关的频率较高？			
2.6　在过去的几年中,经营主体是否收购其他行业的企业,而对于哪些行业管理方面可能缺乏经验？			
2.7　经营主体的环保要求是否很高？			
2.8　经营主体的产品技术更新换代是否很快？			
3. 关于经营环境			
3.1　经营主体是否公开发行证券？			
3.2　会计报表是否具有不同寻常的重要性？			
3.3　经营主体的经营业绩比起同行业的其他企业,是否差距较大？			
3.4　是否存在来自政府有关部门的压力,而使管理当局歪曲财务报告？			
3.5　经营主体是否陷入利益冲突或控制权之争？			

关于财务状况、控制环境、管理当局的诚信度、有意歪曲陈述的可能性、管理当局对设计和保持可靠会计信息系统及有效内部控制的承诺、影响审计风险控制的重大会计问题等。

调查说明：

调查结论：

5.2.3 编写风险评价表

承接业务的风险初步评价表

被审计单位名称：　　　　　　　　　　编制人：　　　　　　日期：　　　　　　页次：1/1
会计期间或截止日期：　　　　　　　　复核人：　　　　　　日期：　　　　　　索引号：M1-3

项　　　　目		说　　　　明	风险评价
委托人	委托原因		
	审计内容		
	委托人动机		
被审计单位	行业环境		
	产品销售情况		
	企业背景		
	资产负债率		
	上一会计期间是否经过审计	/	
	是否连续亏损	/	
	内部管理制度		
	有无潜亏因素		
	是否限制范围		
如果变更事务所	变更原因	/	/
	是否与前任注册会计师沟通	/	/
	是否得到回复并评价回复	/	/
事务所及其注册会计师	独立性		
	胜任能力		
	是否向客户提供其他服务		
	是否具有充足的时间和人力执行该业务		

审计结论：

5.3 编写业务约定书

　　会计师事务所了解了被审计单位情况，对被审计单位的风险评估后，决定接受被审计单位的业务，与被审计单位签订业务约定书，业务约定书的工作底稿范本如下。

审计业务约定书

总页次：

索引号：

编　号：

甲方：委托单位	名称					乙方：受托单位	名称				
	邮编		电话		联系人		邮编		电话		联系人
	地址						地址				
委托目的和审计范围		对甲方20××年度会计报表的合法性、公允性发表审计意见									
委托方的责任和义务		(1) 按照企业会计准则和相关会计制度的规定编制受托方的责任和义务； (2) 建立健全内部控制制度，保护资产安全完整，保证会计资料的真实、合法、完整； (3) 及时提供审计所需要的全部资料； (4) 为乙方派出的工作人员提供必要的工作条件； (5) 按照约定及时、足额支付审计费用。				受托方的责任和义务		(1) 按照约定时间，在实施审计工作的基础上对会计报表发表意见；会计报表，充分披露有关信息； (2) 对在执行审计业务过程中知悉的甲方商业秘密保密； (3) 审计工作结束后，乙方若认为需要，将根据情况对甲方会计处理、内部控制制度及其他事项提出改进意见。			
审计报告　使用责任		审计报告一式　份，这些报告由甲方分发、使用，使用不当的责任与乙方无关。				出具审计报告时间		在委托方提供全部资料后　天内出具审计报告。			
审计费用		按北京市物价局、财政厅规定的收费标准。				付费时间		本约定书签订后，预付　%，工作完成出具审计报告书后付清全部审计费用。			
违约责任						约定书有效期间		自签订之日起生效，并在本约定事项全部完成前有效。			
其他约定事项											

本约定书一式二份，双方各执一份，并具同等法律效力。

甲方(签章)：　　　　　　　　　　　　　乙方(签章)：

签约人：　　　　　　　　　　　　　　　签约人：

签约日期：　　年　月　日

5.4　编制分析性测试的工作底稿

　　会计师事务所编制的分析性测试工作底稿包括横向趋势分析表，纵向趋势分析表、比率趋势分析表等。

5.4.1　横向趋势分析表

横向趋势分析表

被审计单位：　　　　　编制人：　　　　　　日期：　　　　　索引号：
截止日期：　　　　　　复核人：　　　　　　日期：　　　　　单位：元

会计报表项目	20××年	20××年	增减数		说明
	已审数	未审数	金额	百分比	
	1	2	3＝2－1	4＝3/1	
营业收入					
营业成本					
营业毛利					
利润总额					
净利润					
存货					
应收账款					
速动资产					
流动资产					
流动负债					
流动资产净额					
固定资产					
在建工程					
资产总额					
负债总额					
实收资本					
净资产额					

说明栏仅分析增减比例超过 10% 的项目。

5.4.2　纵向趋势分析表

资产负债表纵向趋势分析表

编制单位：　　　　　编制人：　　　　　　日期：　　　　　索引号：
截止日期：　　　　　复核人：　　　　　　日期：　　　　　单位：元

会计报表项目	20××年		20××年		增减数		说明
	已审数	百分比	未审数	百分比	金额	百分比	
	1	2	3	4	5＝3－1	6＝5/1	
流动资产							
长期投资							
固定资产净额							
在建工程							

续表

会计报表项目	20××年		20××年		增减数		说明
	己审数	百分比	未审数	百分比	金额	百分比	
	1	2	3	4	5＝3－1	6＝5/1	
递延资产							
无形及其他资产							
待处理财产净损失							
资产合计							
流动负债							
长期负债							
负债合计							
实收资本							
其他权益							
负债权益合计							

说明栏仅分析增减比例超过 10％的项目。

5.4.3　比率趋势分析法

比率趋势分析表

被审计单位：　　　　　　　　　　　　　　　　索引号：
截止日期：　　　　　　　　　　　　　　　　　单位：元

比率指标	计算公式	20××年	20××年	增减数	说明
		1	2	3＝2－1	
偿债能力比率					
1. 流动比率	流动资产/流动负债				
2. 速动比率	速动资产/流动负债				
财务杠杆比率					
1. 负债比率	负债总额/资产总额				
2. 资本比负债	资本额/负债总额				
3. 利息保障系数	(税前利润＋利息支出)/利息支出				
经营效率比率					
1. 存货周转率	销售成本/平均存货				
2. 应收账款周转率	销售成本/平均应收账款				
3. 总资产周转率	销售成本/平均总资产				
获利能力比率					
1. 销售利润率	利润总额/营业收入				
2. 净资产收益率	净利润/平均净资产				
3. 总资产报酬率	净利润/平均总资产				

说明栏仅分析增减数超过 50％的指标。

5.5　编制重要性水平估计表、重要性水平分配表

会计师事务所根据对被审计单位基本情况的了解，通过分析性测试、编制被审计单位重要性水平评估表、重要性水平分配表来评估被审计单位报表层面及各个交易层面的重要性水平。

重要性水平初步评估表

被审计单位：　　　　　编制人：　　　　　日期：　　　　　索引号：

截止日期：　　　　　　复核人：　　　　　日期：　　　　　页次：

年份或项目	税前利润法	总收入法	总资产法
平均			
当年未审数			
重要性比例	3%～5%	0.5%～1%	0.5%～1%
重要性水平	100		
审计说明			
部门经理对总体重要性标准意见			

重要性水平分配表

被审计单位：　　　　　编制人：　　　　　日期：　　　　　索引号：

截止日期：　　　　　　复核人：　　　　　日期：　　　　　页次：

资产类	分配金额	负债及所有者权益	分配金额
货币资金		应付票据	
应收账款		应付账款	
坏账准备		预收账款	
预收账款		其他应付款	
其他应收款		应付工资	
存货		应付福利费	
待摊费用		应缴税金	
长期投资		其他未交款	
固定资产原值		预提费用	
累计折旧		其他负债	
在建工程		实收资本	
无形资产		资本公积	

续表

资产类	分配金额	负债及所有者权益	分配金额
		盈余公积	
		未分配利润	
资产合计		负债及所有者权益合计	

5.6　编制审计总体工作计划

注册会计师编制审计总体工作计划,具体的工作底稿如下。

总体审计计划

被审计单位：　　　　编制人：　　　　日期：　　　　索引号：
会计期间：　　　　审核人：　　　　日期：　　　　页　次：

被审计单位基本情况			
委托目的		审计范围	
初步确定的审计重点			
风险评估			
重要性标准	确定方法：　　比例：　　重要性水平：		
审计策略			
审计程序			

审计工作小组	姓名	简签	职称或职务	主要工作内容
项目负责人				
成员				
成员				
成员				

续表

审计工作小组	姓名	简签	职称或职务	主要工作内容
成员				
成员				

审计日期安排	1. 计划审计期间：　　　　年　　月　　日至　　　　年　　月　　日 2. 外勤审计期间：　　　　年　　月　　日至　　　　年　　月　　日 3. 存货抽盘日期：　　　年　　月　　日 　　抽盘内容：　　　　　　　　　　抽盘比例：　　　　　　执行人： 　　抽盘内容：　　　　　　　　　　抽盘比例：　　　　　　执行人： 4. 应收（应付）款项函证期间：　　年　月　日至　　年　月　日　执行人： 5. 报告初稿提出日期：　　　年　　月　　日
审计计划修订记录	

5.7　编制时间预算和人员安排表

时间预算与人员安排表

客户：　　　　　　　　　　编制人：　　日期：　　　　索引号：

项目：　　　　　　　　　　复核人：　　日期：　　　　页次：

会计期间：

项目	去年实际耗用时间	本年预算	本年实际耗用时间		本年实际与预算的差额	差异说明
			总时数	备注		
1. 管理工作						
接受审计委托						
了解客户概况						
会计报表						
试算平衡表						
重要性水平						
控制测试						
时间预算与控制						
设计交易测试						
设计余额测试						
分析性程序						
管理建议书						
复核与修改						
2. 外勤工作						
销售和收款循环控制测试						

续表

项目	去年实际耗用时间	本年预算	本年实际耗用时间		本年实际与预算的差额	差异说明
			总时数	备注		
应收账款						
主营业务收入						
……						
购货与付款循环控制测试						
固定资产						
应付账款						
……						
生产循环控制测试						
存货						
应付工资						
主营业务成本						
……						
筹资与投资循环控制测试						
短期投资						
短期借款						
股本						
……						
货币资金						
关联方交易						
或有事项						
期后事项						
……						
复核						
3. 后勤工作						
打字/校正						
复印						
归档						
总计						

5.8 实训活动

活动要求

- 根据被审计企业的情况填写被审计单位基本情况表
- 填写被审计企业风险调查问卷
- 计算被审计企业的重要性水平

🌿 活动内容

【训练1】 填写被审计单位的基本情况表

北京顺利服装公司委托北京立信会计师事务所对其 2022 年度财务会计报表进行审计，2023 年 1 月 22 日双方签订业务约定书。

北京立信会计师事务所根据业务需要组织审计小组。该项目由审计部经理常江负责，成员有 CPA 王洪、李意，审计助理赵丽、张亮。5 人小组于 2023 年 2 月 1 日进驻被审计单位开始工作。

在审计过程中，审计人员及时与被审计单位沟通，对审计中发现的问题，被审计单位均同意调整。在所有问题上，双方均达成一致意见。2023 年 2 月 25 日审计小组结束外勤工作，2011 年 3 月 5 日提交审计报告，整理归档，结束审计任务。

一、公司概况

企业名称：北京顺利服装公司，注册资本：498 万元，投资人：北京市西城区西四北大街街道办事处，地址：北京市西城区西四北大街甲 1 号，电话：010-88991212，邮编：100081，纳税人登记号：110102200197003，开户行：工商行西四分理处，账号：376982-1，营业执照号码：302344，经营范围：主营服装加工、销售；兼营旅店、餐饮、娱乐、服务业。法人代表：王立芳，企业性质：集体，注册日期：2009 年 1 月—2039 年 1 月，开始生产日期：2009 年 1 月，企业人数：衬衫车间 63 人，套服车间 133 人，销售科 4 人，管理部门27 人，医务室 3 人，招待所临时工 20 人，传达室临时工 2 人，清洁工 3 人，全公司总计255 人。

二、公司主要财务制度

1. 生产部门原材料按照计划成本法核算，招待所材料采用实际成本法核算。

2. 坏账准备按照年末应收账款余额的 3% 计提。

3. 固定资产按机器设备和房屋建筑分类计提折旧。

4. 辅助生产费用采用直接分配法核算。

5. 发出材料按领料部门归集各产品耗用的主要材料计划成本结转。辅助成本按各产品耗用的主要材料费用(计划成本)比例分配。

6. 期末完工产品成本按约当产量法计算。材料系生产开始时一次投入，各车间产品完工程度为 50%。

7. 增值税税率 13%，服务业营业税税率 5%，娱乐业营业税税率 10%，城市维护建设税税率 7%，教育费附加 3%，所得税采用债务法计算，税率 25%。

8. 利润分配方案：按净利润的 10% 计提一般盈余公积，5% 计提公益金，剩余利润的50% 向投资者分配。

三、公司各项法律文件

公司章程、成立时的审计报告、验资报告、营业执照、税务登记证、对外投资合同、无形资产受让合同、借款合同、购销合同等文件均符合规定。

【**训练2**】 填写被审计单位的风险调查问卷

问卷见第 5.2.2 节。

【**训练3**】 计算被审计单位的重要性水平

A 和 B 注册会计师对 XYZ 股份有限公司 2020 年度会计报表进行审计,其未经审计的有关财务报表项目金额如下(单位:人民币万元)。

财务报表项目名称	金额
资产总计	180 000
股东权益合计	88 000
主营业务收入	240 000
利润总额	36 000
净利润	24 120

要求:如果以资产总额、净资产(股东权益)、主营业务收入和净利润作为判断基础,采用固定比率法,并假定资产总额、净资产、主营业务收入和净利润的固定百分比数值分别为 0.5%、1%、0.5% 和 5%,请代 A 和 B 注册会计师计算确定 XYZ 股份有限公司 2020 年度财务报表层次的重要性水平。

活动评价

【**训练1**】 填写被审计单位的基本情况表

被审计单位基本概况表

索引号:M1-1

页 次:1

客户名称:	北京顺利服装公司		法定地址:北京市西城区西四北大街甲 1 号			
法人代表:	王立芳		电话:010-8899 ****		邮编:100081	
经济性质:	集体		经营范围:主营服装加工、销售;兼营旅店、餐饮、娱、服务业			
营业执照号码:	302344		合资(联营)合同期限:		2009 年 1 月—2039 年 1 月	
纳税人登记号:	110102……		开始经营日:		2009 年 1 月	
职工总数:	255		其中管理人员:		生产经营人员:	
委托单位主要管理人员						
董事会成员	姓名	电话	主要管理人员	姓名	电话	主要管理人员	姓名	电话
董事长	王立芳	1308890 ****	总经理	张强	1367687 ****	总会计师	王海	1327654 ****
副董事长	朱毅	1345567 ****	副总经理	郭本衡	1324435 ****	财务经理	李向阳	1253354 ****
董事	郝泷	1367767 ****						

续表

投资人名称	投资总额：500 万元				注册资本验证情况
	注册资本		实际投入资本		
	金额	占注册资本总额比例（%）	金额	占投入资本总额比例（%）	
北京市西城区西四北大街街道办事处	498 万元	100	498 万元	100	
变更事项登记：					
合计	498 万元	100	498 万元	100	

编制人：　　　　　日期：　　　　　　　复核人：　　　　　日期：

【**训练 2**】　填写被审计单位的风险调查问卷

业务风险和控制风险环境调查问卷

客户：北京顺利服装公司	签名		日期	索引号	★M1-2
项目：业务风险和控制风险环境调查问卷	编制人			页次	
会计期间：2010 年 1 月 1 日—2010 年 12 月 31 日	复核人				
调查内容			是	否	不适用
1. 关于约定审计业务					
1.1　管理当局是否在过去与注册会计师缺乏充分合作？				√	
1.2　管理当局是否对审计人员或签发审计报告的时间期限提出不合理要求？			√		
1.3　是否存在有意或无意限制审计人员与高层管理人员、董事会交流的情况？			√		
1.4　管理当局是否未能主动提供重大或非正常交易的相关信息？			√		
1.5　此次审计是不是客户第一次接受审计？				√	
1.6　更换会计师事务所的原因是否存在不正常或有争议的问题？			√		
2. 关于经营活动					
2.1　经营主体是否存在较长的经营周期？					√
2.2　经营主体是否使用复杂或新型的金融工具？			√		
2.3　经营主体是不是处在变动频繁的行业或市场中？			√		
2.4　所作的重大财务预测是否存在主观性、复杂性或不确定性？			√		
2.5　经营主体所处的行业是否与可疑的或非法活动相关的频率较高？			√		
2.6　在过去的几年中,经营主体是否收购其他行业的企业,而对于哪些行业管理方面可能缺乏经验？					√
2.7　经营主体的环保要求是否很高？			√		
2.8　经营主体的产品技术更新换代是否很快？			√		

续表

3. 关于经营环境		
3.1 经营主体是否公开发行证券？		✓
3.2 会计报表是否具有不同寻常的重要性？	✓	
3.3 经营主体的经营业绩比起同行业的其他企业，是否差距较大？	✓	
3.4 是否存在来自政府有关部门的压力，而使管理当局歪曲财务报告？	✓	
3.5 经营主体是否陷入利益冲突或控制权之争？		✓

关于财务状况、控制环境、管理当局的诚信度、有意歪曲陈述的可能性、管理当局对设计和保持可靠会计信息系统及有效内部控制的承诺、影响审计风险控制的重大会计问题等。

调查说明：1. 该公司的管理当局对审计人员或签发审计报告的时间期限提出了不合理的要求。

2. 该公司存在有意或无意限制审计人员与高层管理人员、董事会交流的情况。

3. 该公司出现更换会计师事务所的原因是存在不正常或有争议的问题。

4. 该公司的经营主体处在变动频繁的行业或市场中。

5. 该公司所作的重大财务预测存在主观性、复杂性或不确定性。

6. 该公司的经营主体所处的行业与可疑的或非法活动相关的频率较高。

7. 该公司的经营主体对环保要求很高。

8. 该公司经营主体的产品技术更新换代很快。

9. 该公司经营主体没有公开发行证券。

10. 该公司经营主体的经营业绩比起同行业的其他企业，是差距较大。

11. 该公司存在来自政府有关部门的压力，而使管理当局歪曲财务报告的可能性。

调查结论：1. 因该公司的管理当局提出了不合理要求，所以我们应分析自己的人、财、物力分析自身是否可以承接这笔业务。

2. 我们应事先考虑管理当局可能限制我方的调查范围。

3. 我们应和该公司的前任会计师事务所进行联系，询问曾经发生的争议等的具体情况。

4. 我方应对该公司的存货进行重点考察，并重点注意存货的账务处理。

5. 我方应注意该公司的投资等项目的账务处理。

6. 我方应在承接业务前重点调查及考虑该公司的经营主体所处行业的现状，是否存在非法活动。

7. 该公司未发行债券，所以是非上市公司，对财务报表的要求相对较低。

8. 我方应对该公司的销售的盈利进行重点考察。

9. 我方应注意该公司财务报表的总体合法、公允性。应实行较详细的审计，对重点项目应实施详细审计。

需重点关注那些填"否"和"不适用"的内容。

【训练3】　计算被审计单位的重要性水平

以总资产确定的重要性水平＝900

以净资产确定的重要性水平＝880

以主营业务收入确定的重要性水平＝1 200

以净利润确定的重要性水平＝1 206

所以该公司的重要性水平确定为 880

本 章 小 结

第一,了解被审计单位的基本情况,包括被审计单位的基本资料、组织结构及内部控制等。第二,根据被审计单位的基本情况编制审计计划,包括编制被审计单位基本情况表、编写被审计单位风险调查问卷、编制风险评价表等。第三,编制审计约定书。会计师事务所了解了被审计单位情况,对被审计单位的风险评估后,决定接受被审计单位的业务,与被审计单位签订业务约定书。第四,编制分析性测试的工作底稿。会计师事务所编制的分析性测试工作底稿包括横向趋势分析表,纵向趋势分析表、比率趋势分析表等。第五,编制重要性水平估计表、重要性水平分配表。会计师事务所根据对被审计单位基本情况的了解,通过分析性测试,通过编制被审计单位重要性水平评估表,重要性水平分配表来评估被审计单位报表层面及各个交易层面的重要性水平。第六,编制审计工作计划工作底稿。第七,编制时间预算和人员安排表。

思 考 题

1. 怎么了解被审计单位情况?
2. 什么是重要性? 如何编制审计重要性工作底稿?
3. 什么是分析性测试工作底稿? 包括哪些方面?

第 **6** 章

销售与收款循环审计工作底稿的编制实训

🎯 学习目标

- 了解销售与收款循环控制测试程序表
- 掌握编写应收账款工作底稿
- 掌握编写坏账准备工作底稿
- 掌握编写应收票据的工作底稿
- 掌握编写应交税费的工作底稿

6.1 编制销售与收款循环控制测试程序表和调查问卷

这个环节的工作底稿主要包括销售与收款循环控制测试程序表、内部测试调查问卷与符合性测试表。

6.1.1 销售与收款循环控制测试程序表

销售与收款循环控制测试程序表

被审计单位：
审计项目：　　　　　　　编制人：　　　　　　日期：　　　　　　索引号：
截止日期：　　　　　　　复核人：　　　　　　日期：　　　　　　页　次：

审计程序	执行情况说明	索引号
1. 选择( )份销售发票，做如下检查：		
1.1 核对销售发票、销售合同、销售订单所载明的品名、规格、数量、价格是否一致；		
1.2 检查销售合同和顾客信用是否已经核准；		
1.3 核对相应的运货单副本，检查销售发票品名、数量、日期与货运单品名、数量、日期是否一致；		
1.4 复核销售发票中所列商品的单价，并与商品价目表核对，注意销售折扣是否合理。		
1.5 复核销售发票中列示的数量、单价和金额及相关税金的计算；		

续表

审计程序	执行情况说明	索引号
1.6　从销售发票追查到销售记账凭证及销售记账凭证汇总表,检查其金额是否一致;		
1.7　从销售记账凭证及销售记账凭证汇总表追查至总分类账及明细分类账。		
2.　抽查任意一个月销售发票,检查其是否连续编号、有无缺号,作废发票的处理是否正确,并加计总额与该时间段的主营业务收入总额核对一致。		
3.　选择( )份运货单与相关的销售发票核对,检查已发出商品是否均已向客户开出发票。		
4.　选择( )份销售合同,检查有无限制性条款,如产品需经安装或检验、有特定退货权、采用代销或寄销方式等,核对销售发票和货运单的开具是否在收入实现条件满足的情况下进行。		
5.　检查销售退回与折让的核准及会计处理。		
5.1　检查销售退回是否具有对方税务局开具的证明;		
5.2　检查销售退回与折让是否附有经主管人员核准的红字发票;		
5.3　检查退回的商品是否具有仓库签发的退货验收报告,并与红字发票内容和金额核对一致;		
5.4　销售退回与折让的批准与红字发票签发的职责是否分离;		
5.5　退货商品冲销会计记录是否正确,追查至记账凭证;		
5.6　从记账凭证汇总表、销售明细账、应收账款明细账及总分类账,检查其金额是否一致。		
6.　销售与收款内部控制评价。		

6.1.2　销售与收款循环内部测试调查问卷

销售与收款循环内部测试调查问卷

被审计单位:

审计项目:　　　　　　编制:　　　　　　日期:　　　　　　索引号:

截止日期:　　　　　　复核:　　　　　　日期:　　　　　　页　次:

调查问题	答案			
	是	弱	否	不适用
1. 信用调查				
是否建立资信部门,定期调查客户信用程度,开列信用不好的客户名单?				
2. 接受订单				
2.1　是否建立销售合同制度?				
2.2　销售合同的签订是否报经负责人或委托内部审计人员审批;				
2.3　销售人员是否根据授权签订销售合同?				
2.4　已签订的销售合同是否有专人负责登记和保管?				

续表

调查问题	答案			
	是	弱	否	不适用
2.5 销售合同是否连续编号？				
3. 批准销售				
3.1 是否定期检查客户的信用程度？				
3.2 赊销和分期收款是否经授权批准？				
3.3 销售折扣、销售退回是否经授权批准？				
3.4 现金折扣是否经适当授权？				
3.5 是否有健全的经授权批准的开票和结算制度？				
4. 销售发货				
4.1 仓库人员是否根据发票提货联，确认手续完备后发货并签字盖章？				
4.2 门卫是否检查销售发票出门联，验证货物后放行，并填写出门登记簿？				
4.3 销售退回是否重新入库，并具有仓库签发的退货验收单？				
4.4 销售退回是否计入存货并冲减主营业务收入？				
5. 会计记录				
5.1 销售业务发生后，财务部门是否及时取得相关凭证（如销售发票记账联、出库单、出口产品报关单等）并据以收款或转账？				
5.2 销售发票中所列商品单价是否与商品价目表核对相符？				
5.3 是否定期将销售明细账与仓储部门实物账、销售部门台账核对？				
5.4 是否定期编制应收账款账龄分析？				
5.5 是否将应收账款定期与客户核对并催收货款？				
5.6 是否建立坏账核销的报批程序？				
5.7 核销坏账是否经过规定的报批程序？				
5.8 已经核销的应收账款是否在备查登记簿上登记？				
6. 职责分离				
6.1 销售业务中签订合同、组织供货、开票、发货、入账等职责是否分离？				
6.2 应收票据的保管与记账职责是否分离？				
6.3 票据接受贴现和换新的批准与保管职责是否分离？				
7. 内部审计				
7.1 内部审计人员是否定期向顾客寄发应收账款对账单，并及时清查差异原因？				
7.2 内部审计人员是否经常评价货运文件、发票、应收账款账龄分析表，了解企业规定的工作程序是否得到贯彻执行？				
初步评价：				

6.1.3　销售与收款循环符合性测试表

销售与收款循环符合性测试之——销售管理

单位：元

客户：																			索引号		
项目：															签名				日期	页次		
会计期间：															编制人							
															复核人							

日期	会计凭证			销售产品名称	规格	数量	单价	金额	单价	规格	数量	单价	合同			出库			退回及折让			授权			备注
	凭证编号	借方会计科目	销售单号										交货方式	交货日期	发货方式	出库日期	运单号码	仓库收签	税局退回折让单	批准人	发货通知	价格批准	除销批准	

销售与收款循环符合性测试之一——收款管理　　　　　　　　单位：元

客户：		签名		日期		索引号	
项目：		编制人					
会计期间：		复核人					

序号	会计凭证									附件					备注
	日期	凭证编号	经济事项	贷方科目	填制人	审核人	日期	名称	自制凭证填制人	金额计算依据	批准人	支票日期	支票金额	

6.2　应收账款审计工作底稿的编制

应收账款审计工作底稿包括以下几种。

1. 应收账款审计程序表

应收账款审计程序表

客户：　　　　　　　　签名：　　　　　　　日期：　　　　　　索引号：

项目：　　　　　　　　编制人：　　　　　　　　　　　　　　　页次：

会计期间：　　　　　　复核人：

一、审计目标

1.确定应收账款是否存在；2.确定应收账款是否归被审计单位所有；3.确定应收账款增减变动的记录是否完整；4.确定应收账款是否可收回，坏账准备的计提是否恰当；5.确定应收账款年末余额是否正确；6.确定应收账款在会计报表上的披露是否恰当。

二、审计程序

审计重点	审计程序	执行情况说明	索引号
按常规程序审计。重点分析应收账款的账龄和余额构成，不能收回的可能性。	1. 核对应收账款明细账余额与总账、报表余额是否相符。		
	2. 获取或编制应收账款余额明细表，复核加计数额是否正确。		
	3. 分析应收账款的账龄及余额构成，选取账龄长、金额大的应收款项向债务人进行函证，并根据回函情况编制函证结果汇总表。回函金额不符的，要查明原因作出记录或适当调整。		
	4. 对未回函的或未发询证函的应收账款，可采用替代审计程序进行检查，根据替代检查结果判断其债权的真实性与可收回性。		

续表

审计重点	审计程序	执行情况说明	索引号
按常规程序审计。重点分析应收账款的账龄和余额构成,不能收回的可能性。	5. 对未发询证函的应收账款,应抽查有关原始凭证。		
	6. 检查应收账款中是否有无法收回的款项。		
	7. 检查有无不属于结算业务的债权,如有,应作出记录或作适当调整。		
	8. 对于用非记账本位币结算的应收账款,检查其采用的汇率及折算方法是否正确。		
	9. 分析应收账款明细账余额,对于出现贷方余额的项目,应查明原因,必要时作重分类调整。		
	10. 验明应收账款是否已在资产负债表上恰当披露。		

2. 应收账款审定表

应收账款审定表

客户:　　　　　　　　　　签名:　　　　　　　　　　日期:　　　　　　　　　　索引号:

项目:　　　　　　　　　　编制人:　　　　　　　　　　　　　　　　　　　　　　页次:

会计期间:　　　　　　　　复核人:　　　　　　　　　　　　　　　　　　　　　单位:元

销货方名称	期初余额	期末余额(未审数)		索引号	调整分录金额(+、-)	重分类分录金额(+、-)	审定数	备注
		外币	本位币					
合计								

重分类分录:

调整分录:

审计说明:

审计结论:

3. 应收账款余额明细表

应收账款余额明细表

客户：　　　　　　　　　　签名：　　　　日期：　　　　　　　　　　　索引号：

项目：　　　　　　　　　　编制人：　　　　　　　　　　　　　　　　　页次：

会计期间：　　　　　　　　复核人：　　　　　　　　　　　　　　　　　单位：元

债务人名称	业务内容摘要	业务发生时间	期初数		期末数		账龄				备注
			原币	本位币	原币	本位币	1年以下	1～2年	2～3年	3年以上	
合计											

4. 应收账款函询情况表

应收账款函询情况表

客户：　　　　　　　　　　签名：　　　　　　　日期：　　　　　　　　　索引号：

项目：　　　　　　　　　　编制人：　　　　　　　　　　　　　　　　　页次：

会计期间：　　　　　　　　复核人：　　　　　　　　　　　　　　　　　单位：元

发函询证纪要				是否收到回函	收到回函			未收到回函		审计意见
序号	选取样本目的	单位名称	期末余额		未确认金额			通过替代审计可确认金额	未核实金额	
					调节后可以确认	争议未决金额	其他			
合计										

抽取企业应收账款样本户数：		抽取样本金额：		收到回函样本金额：	回函可以确认金额：
企业期末应收账款客户总数：		企业期末应收账款总金额：		占样本金额比例：	通过替代审计可确认金额：
抽取样本占总户数的比例：		抽取样本占期末余额比例：			可确认金额占样本金额的比例：
选取样本的目的（方式）：	A.大额		B.异常	C.账龄	D.随机

5. 应收账款函询未回替代程序

应收账款函询未回替代程序检查表

客户：　　　　　签名：　　　　　　　　日期：　　　　　索引号：
项目：　　　　　编制人：　　　　　　　　　　　　　　　页次：
会计期间：　　　复核人：　　　　　　　　　　　　　　　单位:元

债务人名称	借方入账			审计日止是否收到	应收账款内容					拖欠原因	审计确认意见
	日期	凭证号	金额		事由	发票号	货名	数量	金额		
合计											

6.3　坏账准备审计工作底稿的编制

1. 坏账准备审计程序表

坏账准备审计程序表

客户：　　　　　　　　签名：　　　　　　　日期：　　　　索引号：
项目：　　　　　　　　编制人：　　　　　　　　　　　　页次：
会计期间：　　　　　　复核人：

一、审计目标

1.坏账准备的计提比率是否恰当；2.确定坏账准备增减变动的记录是否完整；3.确定坏账准备年末余额是否正确；4.确定坏账准备在会计报表上的披露是否恰当。

二、审计程序

审计重点	审计程序	执行情况说明	索引号
	1. 核对坏账准备总账与报表的余额是否相符。		
	2. 按计提坏账准备的范围、标准测算已提坏账准备是否充分。		
	3. 检查报告期内坏账损失的原因，有无授权批准，有无已作坏账损失处理后又收回的账款。		
	4. 验明坏账准备是否已在资产负债表上恰当披露。		

2. 坏账准备审定表

坏账准备审定表

客户：　　　　　　　　　　签名：　　　　　日期：　　　　　　　　　　　索引号：

项目：　　　　　　　　　　编制人：　　　　　　　　　　　　　　　　　页次：

会计期间：　　　　　　　　复核人：　　　　　　　　　　　　　　　　　单位：元

账龄	上期末审定数	本期增加		本期减少		未审数	已审应收款项金额	减：不提坏账准备应收款项金额	应提坏账准备应收款项金额	应提坏账准备比例	应提坏账准备金额	应提坏账准备与已提的差异数	审定数
		计提	收回	冲销	冲回								
1 年以下													
1～2 年													
2～3 年													
3 年以上													
合计													

调整分录：

审计说明：

审计检验：

6.4　应收票据审计工作底稿的编制

1. 应收票据审计程序表

应收票据审计程序表

客户：　　　　　　　　签名：　　　　　　　　日期：　　　　　　　　索引号：

项目：　　　　　　　　编制人：　　　　　　　　　　　　　　　　　　页次：

会计期间：　　　　　　复核人：

一、审计目标

1.确定应收票据是否存在；2.确定应收票据是否归被审计单位所有；3.确定应收票据的增减变动的记录是否完整；4.确定应收票据是否有效,可否收回；5.确定应收票据年末余额是否正确；6.确定应收票据在会计报表上的披露是否恰当。

二、审计程序

审计重点	审 计 程 序	执行情况说明	索引号
	1. 核对应收票据明细账与总账余额是否相符。		
	2. 编制应收票据盘点明细表,盘点库存票据,并与应收票据明细账核对。		
	3. 抽取部分票据向出票人函证,以证实其存在和可收回性。		
	4. 验明应收票据的利息收入是否均已入账。		
	5. 核对已贴现的应收票据,其贴现额与利息额的计算是否准确,会计处理方法是否恰当。		
	6. 验明应收票据是否已在资产负债表上恰当披露。		

2. 应收票据盘点表

应收票据盘点表

客户：　　　　　　　　签名：　　　　　　　　日期：　　　　　　　　索引号：

项目：　　　　　　　　编制人：　　　　　　　　　　　　　　　　　　页次：

会计期间：　　　　　　复核人：　　　　　　　　　　　　　　　　　　单位：元

应收票据名称	出票者名称	出票日期	币种	票面金额	折合人民币	到期日期	约定利率	承兑人名称	贴现日期	贴现率	贴现净额	备注

续表

应收票据名称	出票者名称	出票日期	币种	票面金额	折合人民币	到期日期	约定利率	承兑人名称	贴现日期	贴现率	贴现净额	备注
合计												

财务负责人：　　　　　　　　应收票据保管人：　　　　　　　盘点人员：　　　　　监盘人员：

3．应收票据明细表

应收票据明细表（代审定表）

客户：　　　　　　　　　　签名：　　　　　　　日期：　　　　　　索引号：

项目：　　　　　　　　　　编制人：　　　　　　　　　　　　　　页次：

会计期间：　　　　　　　　复核人：

种类	付款单位	号码	签发日期	到期日	票面金额	利率(%)	期末本利合计	担保或抵押	备注
合计									

审计标识	审计说明
执行分析性复核	审计结论

6.5　应交税费审计工作底稿的编制

应交税费审计程序表

应交税费审定表

客户：　　　　　　　　签名：　　　　　　　　日期：　　　　　　　索引号

项目：　　　　　　　　编制人：　　　　　　　　　　　　　　　　　页次：

会计期间：　　　　　　复核人：　　　　　　　　　　　　　　　　　单位：元

上期末审定数	未审数核对			索引号	调整分录金额（＋、－）	审定数
	索引号	项目	金额			
		报表数				
		明细账：				
		增值税				
		营业税				
		消费税				
		资源税				
		所得税				
		土地增值税				
		城市维护建设税				
		房产税				
		土地使用税				
		车船使用税				
		个人所得税				
		合计				

调整分录：

审计结论：

6.6 实训活动

活动要求

- 应收账款的审计
- 应收账款函证情况表

活动内容

【训练1】 编写应收账款审定表

1. 企业相关的会计资料

项　目	年初数	期末数
货币资金	8 768 543.65	9 654 322.85
应收票据	3 125 719.20	4 241 827.33
应收账款	14 238 787.93	17 373 259.34
减：坏账准备	977 807.82	1 080 662.97
应收账款净额	14 167 593.99	17 286 393.04
预收账款	5 378 261.14	4 729 382.21
应收税金	1 310 100.00	785 400.00

2. 应收账款及坏账准备

账龄	年初数				年末数			
	金额(元)	比率(%)	坏账准备计提比例(%)	坏账准备金额(元)	金额(元)	比率(%)	坏账准备计提比例(%)	坏账准备金额(元)
一年以内	10 321 419.50	72.49	5	515 070.95	15 933 259.34	91.71	5	795 552.97
一年至二年	3 567 365.43	25.05	10	355 735.54	1 090 000.00	5.27	10	109 000.00
二年至三年	350 000.00	2.45	30	105 000.00	0	0	30	0
三年以上	0	0	50	0	350 000.00	2.02	50	175 000.00
合计	14 235 787.93	100		977 507.82	17 373 259.34	100		1 050 552.97

资料：对 A 公司账面贷方余额，经查系上海车业股份公司原预付贷款余额，尚未按合同履行第二批供货，根据规定做调整。

要求：请写相关的调整分录。

【训练2】 编写应收账款函证情况表

材料：审计人员对 18 户应收账款对象进行函证(对象在下表列示)。

单位名称	期末余额
××汽车工具厂	650 000.00
××塑料配套厂	3 500 000.00
××摩托车公司	1 000 000.00
××金属制品厂	502 870.00
××汽车标牌厂	580 600.00
红光自行车配件厂	350 000.00
××五金交电公司	550 000.00
××塑料机械公司	570 800.12
××童车厂	1 199 614.18
……	
总计	11 402 667.48

（1）除××汽车标牌厂、××五金交电公司、××塑料机械公司未回函外，其余都收到回函。

（2）××金属制品厂和××童车厂的余额需调节后才可确认。

（3）红光自行车配件厂由于正处于产品质量的诉讼中，其余额属争议未决金额。

　　要求：请编写应收账款函证情况表工作底稿。

活动评价

【训练1】 编写应收账款审定表

应收账款审定表（最后的结论表）

客户：　　　　　　　　签名：　　　　　　　　日期：

项目：　　　　　　　　编制人：　　　　　　　　　　　　　　页次：

会计期间：　　　　　　复核人：　　　　　　　　　　　　　　单位：元

销货方名称	期初余额	期末余额（未审数）		索引号	调整分录金额（＋、－）	重分类分录金额（＋、－）	审定数	备注
		外币	本位币					
××汽车工具厂	650 000.00		150 000.00	根据工作底稿	－150 000	150 000		
××塑料配套厂	4 000 000.00		3 500 000.00					
××交通器材设备厂	50 200.00		45 000.00					
××小轮车总厂	90 000.00		90 000.00					
××摩托车公司	1 000 000.00		1 000 000.00					
上海车业股份公司			－1 500 000.00					
××金属制品厂	502 870.02	USD60 600						
××自行车厂		USD58 800	487 934.16					
××汽车标牌厂	589 600.00							
××压缩机公司	589 430.00							
红光自行车配件厂	350 000.00	350 000.00						
××汽车配件公司	3 941 789.50							

续表

销货方名称	期初余额	期末余额(未审数)		索引号	调整分录 金额(＋、－)	重分类分录 金额(＋、－)	审定数	备注
		外币	本位币					
……								
合计	14 238 787.93		17 373 259.34					

重分类分录:

借:应收账款　　　　20 000 000

　　贷:预付账款　　　　　20 000 000

调整分录:

审计说明:审计人员发现,公司对应收汽车工具厂150 000元,但公司尚未按照合同履行供货,所以应将此笔款项从应收账款转出计入预收账款;而另有一笔业务,未明确将"应收账款"账户列出,应在审计中列出。

审计结论:调整后的审计单位的金额应为37 223 259.34,本来本期的应收账款金额为17 373 259.34,建议被审计单位进行调整。

【训练2】 编写应收账款函证情况表

应收账款函询情况表(汇总函询的信息)

客户:　　　　　　　　签名:　　　　　　　日期:　　　　　　　索引号:

项目:　　　　　　　　编制人:　　　　　　　　　　　　　　　　页次:

会计期间:　　　　　　复核人:　　　　　　　　　　　　　　　　单位:元

序号	发函询证纪要			是否收到回函	未确认金额			未收到回函		审计意见
	选取样本目的	单位名称	期末余额		调节后可以确认	争议未决金额	其他	通过替代审计可确认金额	未核实金额	
	D	××汽车工具厂	650 000.00	是	否	0				
	A	××塑料配套厂	3 500 000.00	是	否	0				
	A	××摩托车公司	1 000 000.00	是	否	0				
	B	××金属制品厂	502 870.00	是	是	0				
	D	××汽车标牌厂	580 600.00	否	否	0				
	C	红光自行车配件厂	350 000.00	是	否	350 000.00				
	D	××五金交电公司	550 000.00	否	否	0				
	D	××塑料机械公司	570 800.12	否	否	0				
	A	××童车厂	1 199 614.18	是	是	0				
		合计	11 402 667.48							

续表

发函询证纪要				是否收到回函	未确认金额			未收到回函		审计意见
序号	选取样本目的	单位名称	期末余额		调节后可以确认	争议未决金额	其他	通过替代审计可确认金额	未核实金额	
抽取企业应收账款样本户数：9				抽取样本金额：11 402 667.48 元		收到回函样本金额：9 701 267.36 元		回函可以确认金额：7 998 783.18 元		
企业期末应收账款客户总数：12				企业期末应收账款总金额：17 373 259.34 元		占样本金额比例：85.08%		通过替代审计可确认金额：		
抽取样本占总户数的比例：75%				抽取样本占期末余额比例：65.63%		可确认金额占样本金额的比例：70.15%				
选取样本的目的（方式）：			A. 大额	B. 异常		C. 账龄		D. 随机		

本 章 小 结

　　销售与收款循环审计实训包括以下内容：第一，编制销售与收款循环控制测试程序表、调查问卷。第二，应收账款审计编制的工作底稿的编制，包括应收账款程序表编制，应收账款审定表编制，应收账款余额明细表的编制及应收账款函证情况表的编制。第三坏账准备审计工作底稿编制。第四，应收票据审计工作底稿的编制。第五，应交税费审计工作底稿的编制。

思 考 题

　　1. 销售与收款循环审计实训包括哪些内容？

　　2. 如何对应收账款实施审计？

　　3. 坏账准备审计如何实施审计？

第 7 章

采购与付款循环审计工作底稿的编制实训

学习目标

- 了解采购与付款循环控制测试程序表
- 掌握应付账款审计工作底稿的编制
- 掌握固定资产审计工作底稿的编制
- 掌握预付账款审计工作底稿的编制
- 掌握在建工程审计工作底稿的编制

7.1 编制采购与付款循环控制测试程序表和调查问卷

7.1.1 采购与付款循环控制测试程序表

采购与付款循环控制测试程序表

被审计单位：

审计项目：　　　　　　　　　　编制：　　　　日期：　　　　　　　索引号：

截止日期：　　　　　　　　　　复核：　　　　日期：　　　　　　　页　次：

审 计 程 序	执行情况说明	索引号
1. 选择（　）份购销合同，做如下检查：		
1.1 核对货物名称、规格、型号、请购量是否与请购单相同；		
1.2 检查购货合同是否已经授权批准及批准采购量和采购限价；		
1.3 核对相应的运货单副本，检查购货发票日期与货运日期是否一致；		
1.4 复核购货发票中所列商品的单价，合计金额计算是否正确。		
2. 审核与所抽查购货合同有关的购货发票、验收报告、入库单、付款结算凭证、记账凭证，并追查至相关明细账和总账。		
3. 对固定资产和在建工程内部控制制度做如下测试：		
3.1 抽查新增固定资产和在建工程有无预算，是否经过授权批准；		
3.2 抽查在建工程的完工进程和是否达到预定可使用状态，已完工在建工程转入的固定资产是否办妥竣工验收和移交使用手续；		
3.3 抽查固定资产的折旧方法和折旧率是否符合规定，前后期是否一致；		

续表

审 计 程 序	执行情况说明	索引号
3.4　抽查固定资产的毁损、报废、清理是否经过技术鉴定和授权批准；		
3.5　抽查固定资产定期盘点制度是否得到执行。		
4.　选择（　）份付款凭证,做如下检查：		
4.1　检查是否实行费用预算控制,是否明确款项支付权限；		
4.2　编制付款凭证时是否与订货合同、预（决）算计划、验收单和发票相核对；		
4.3　检查支付货款的付款凭证和银行日记账、有关明细账及总分类账的记录是否正确；		
4.4　核对记录有关明细账的原始凭证,如订货单、验收单、购货发票的正确性,以及金额是否与相关明细账一致,有关凭证是否经过授权批准；		
4.5　款项支付凭证是否及时入账,货款支出与记账职责是否分离。		
5.　购货与付款循环内部控制评价。		

7.1.2　采购与付款循环内部控制测试调查问卷

采购与付款循环内部测试调查问卷

被审计单位：

审计项目：　　　　　　　　编制：　　　　日期：　　　　　　索引号：

截止日期：　　　　　　　　复核：　　　　日期：　　　　　　页　次：

调查问题	答案			
	是	弱	否	不使用
1.　请购业务				
1.1　请购业务是否有相应业务部门提出,并经业务部门主管批准；				
1.2　是否设定请购业务核准权限；				
1.3　请购业务批准是否存在越权行为。				
2.　采购业务				
2.1　购货部门是否核对请购单的授权限额批准情况；				
2.2　是否存在比质比价采购管理制度；				
2.3　大宗材料、重大金额采购是否采用招标方式；				
2.4　主要物资、原材料、大宗材料和固定资产的采购是否有订货合同并经授权批准；				
2.5　大额购货合同的订购是否有内部审计部门参与；				
2.6　重大购货条款是否征求律师意见；				
2.7　采购订单是否预先连续编号；				
2.8　主要物资采购是否选择两个以上供货单位；				
2.9　是否按照合同规定及时承付货款；				

调查问题	答案			
	是	弱	否	不使用
2.10 是否建立供应商考评档案;				
2.11 供应商考评档案是否及时更新并业经授权。				
3. 验收业务				
3.1 验收部门是否独立于采购、发运、会计和仓储部门等控制职能之外;				
3.2 是否具有货物验收质量标准;				
3.3 所有货物是否全部经质量控制检查;				
3.4 存货入库是否根据订货合同和购货发票办理验收入库手续;				
3.5 未被验收的货物是否另设隔离区或明显地标明"未经验收货物"字样;				
3.6 特殊的无需验收的货物是否经过授权批准;				
3.7 验收单或入库单是否已预先连续编号;				
3.8 验收人员是否亲临现场验收或取样;				
3.9 发生存货拒收时,是否将拒收货物分隔储藏,并设立明显标记;				
3.10 是否建立存货短缺和毁损的处罚或追索制度;				
3.11 有无定期各类资产减值评价报告制度。				
4. 会计核算				
4.1 是否根据于订货合同、入库单、质检单核对无误后的进货发票付款或转账;				
4.2 应付账款明细账与总账是否按月核对;				
4.3 应付账款是否定期与客户对账;				
4.4 货款的支付凭证是否及时入账;				
4.5 进货费用的列支是否符合制度规定。				
5. 固定资产及在建工程管理				
5.1 各类固定资产的分管部门有无每项资产的档案和实物台账;				
5.2 公司是否能及时详细地掌握所有固定资产或在建工程闲置、毁损、丢失或出租、租入情况;				
5.3 在建工程有无专门的核算和管理?是否在财务部门管辖的范围之内?				
5.4 在建工程结转固定资产的条件是否符合公司的实际情况;				
5.5 有无长期未转固定资产的在建工程;				
5.6 利息资本化的金额是否在固定资产的构成中有较大比重(10%以上);				
5.7 公司的审计部门有无专门的基建或设备购置审计人员和日常审计安排。				
6. 其他				
6.1 存货和固定资产的授权、采购、验收、使用、付款与记账等职责是否分离;				
6.2 内部审计人员是否定期审查存货采购有关内容。				

7.2　应付账款审计工作底稿的编制

7.2.1　应付账款审计程序表

应付账款审计程序表

客户：　　　　　　　签名：　　　　　　日期：　　　　　　　索引号：

项目：　　　　　　　编制人：　　　　　　　　　　　　　　　页次：

会计期间：　　　　　复核人：

一、审计目标

1.确定应付账款的发生及偿还记录是否完整；2.确定应付账款的年末余额是否正确；3.确定应付账款在会计报表上的披露是否充分。

二、审计程序

审计重点	审计程序	执行情况说明	索引号
	1. 获取或编制应付账款明细表,复核加计数是否准确,并与明细账、总账和报表的余额核对相符。		
	2. 对当期应付账款明细表进行分析性复核,验证当期应付账款余额的合理性,并确定应重点审阅的明细账。		
	3. 抽查会计凭证,验证会计处理的真实性、合规性和正确性。		
	4. 选择应付账款重要项目(包括零账户),函证其余额是否正确。		
	5. 根据回函情况,编制与分析函证结果汇总表,对未回函证的,决定是否再次函证。		
	6. 对未回函的重大项目,采用替代程序,确定其是否真实;检查决算日后应付账款明细账及现金日记账,核实其是否已支付;检查该笔债务的相关凭证资料,核实交易事项的真实性。		
	7. 检查是否存在未入账的应付账款:检查被审计单位在资产负债表日未处理的不相符的购货发票(如抬头不符,与合同某项规定不符等)及有材料入库凭证但未收到购货发票的经济业务。		
	8. 检查应付账款是否存在借方余额,决定是否进行重分类。		
	9. 检查应付账款长期挂账的原因,并作出记录,必要时予以调整。		
	10. 检查非记账本位币折合记账本位币采用的折算汇率、折算差额是否按规定进行会计处理。		
	11. 检查有无应付给与本单位有关联的单位的款项。		
	12. 验明应付账款是否已在资产负债表上反映及会计报表附注中充分披露。		

7.2.2 应付账款审定表

应付账款审定表

客户： 　　　　签名： 　　　　日期： 　　　　索引号：
项目： 　　　　编制人： 　　　　页次：
会计期间： 　　　　复核人： 　　　　单位：元

供货方名称	期初余额	期末余额（未审数）		索引号	调整分录金额（＋、－）	重分类分录金额（＋、－）	审定数	备注
		外币	本位币					

重分类分录：

调整分录：

审计说明：

审计结论：

7.2.3 应付账款余额明细表

应付账款余额明细表

客户： 　　　　签名： 　　　　日期： 　　　　索引号：
项目： 　　　　编制人： 　　　　页次：
会计期间： 　　　　复核人： 　　　　单位：元

债务人名称	业务内容摘要	业务发生时间	期初数		期末数		账龄					备注
			原币	本位币	原币	本位币	1年以下	1~2年	2~3年	3~4年	4~5年	

续表

债务人名称	业务内容摘要	业务发生时间	期初数		期末数		账龄					备注
			原币	本位币	原币	本位币	1年以下	1~2年	2~3年	3~4年	4~5年	
	合　计											

7.2.4　应付账款函证情况表

应付账款函询情况表

客户：　　　　　　　　签名：　　　　　　　　日期：　　　　　　索引号：

项目：　　　　　　　　编制人：　　　　　　　　　　　　　　　　页次：

会计期间：　　　　　　复核人：　　　　　　　　　　　　　　　　单位：元

序号	发函询证纪要			是否收到回函	未确认金额			未收到回函		审计意见
	选取样本目的	单位名称	期末余额		调节后可以确认	争议未决金额	其他	通过替代审计可确认金额	未核实金额	
合　　计										

抽取企业样本户数：		抽取样本金额：		收到回函样本金额：	回函可以确认金额：	
期末客户总数：		企业期末余额：		占样本金额比例：	通过替代审计可确认金额：	
占总户数的比例：		占期末余额比例：		占样本余额比例：		
选取样本的目的：	A. 大额	B. 异常		C. 账龄	D. 随机	

7.3 预付账款审计工作底稿的编制

7.3.1 预付账款审计程序表

预付账款审计程序表

客户：　　　　　　　　签名：　　　　　　　　日期：　　　　　　　索引号：
项目：　　　　　　　　编制人：　　　　　　　　　　　　　　　　　　页次：
会计期间：　　　　　　复核人：

一、审计目标

1. 确定预付账款是否存在；2. 确定预付账款是否归被审计单位所有；3. 确定预付账款增减变动的记录是否完整；4. 确定预付账款是否可收回；5. 确定预付账款年末余额是否正确；6. 确定预付账款在会计报表的披露是否恰当。

二、审计程序

审计重点	审计程序	执行情况说明	索引号
	1. 核对预付账款明细账余额与总账、报表余额是否相符。		
	2. 获取或编制预付账款明细表,复核加计数额是否正确,同时请客户协助,在预付账款明细表上标出截止审计日已收到货物并冲销预付账款的项目。		
	3. 选择预付账款重要项目,函证期末余额的正确性,并根据回函情况编制函证结果汇总表;回函金额不符的,要查明原因作出记录或适当调整;未回函的,可再次复询,如不复询可采用替代方法进行检查,根据替代检查结果判断其债权的真实性或出现坏账的可能性。		
	4. 对未发询证的预付账款,应抽查有关原始凭证。		
	5. 抽查入库记录,查核有无重复付款或将同一笔已付清的账款在预付账款和应付账款这两个科目同时挂账的情况。		
	6. 分析明细账余额,对于出现贷方余额的项目,应查明原因,必要时作重分类调整。		
	7. 验明预付账款是否已在资产负债表上恰当披露。		

7.3.2　预付账款审定表

预付账款审定表

客户：　　　　　　签名：　　　　　日期：　　　　　　　索引号：

项目：　　　　　　编制人：　　　　　　　　　　　　　页次：

会计期间：　　　　复核人：　　　　　　　　　　　　　单位：元

上期末审定数	未审数核对		调整分录 金额（＋、－）	重分类分录 金额（＋、－）	审定数
	项目	金额			
	合计				

重分类分录：

调整分录：

审计结论：

7.3.3 预付账款检查情况表

预付账款检查情况表

客户：　　　　　　　　签名：　　　　　　　　日期：　　　　　　　索引号：

项目：　　　　　　　　编制人：　　　　　　　　　　　　　　　　页次：

会计期间：　　　　　　复核人：　　　　　　　　　　　　　　　　单位：元

日期	凭证编号	业务内容	对应科目(Dr 或 Cr)	金额	核对内容								备注
					1	2	3	4	5	6	7	8	

核对内容说明：

1. 原始凭证齐全

2. 无重复付款

3. 经授权批准

4. 财务处理正确

5. 入库手续完备

6.

7.

8.

审计说明

7.4　固定资产、累计折旧审计工作底稿的编制

7.4.1　固定资产、累计折旧审计程序表

固定资产、累计折旧审计程序表

客户：	签名：	日期：	索引号：
项目：	编制人：		页次：
会计期间：	复核人：		

一、审计目标

1.确定固定资产是否存在；2.确定固定资产是否归被审计单位所有；3.确定固定资产及其累计折旧的增减变动的记录是否完整；4.确定固定资产折旧政策和计提是否恰当；5.确定固定资产及其累计折旧的年末余额是否正确；6.确定固定资产在会计报表的披露是否恰当。

二、审计程序

审计重点	审计程序	执行情况说明	索引号
	1. 获取或编制固定资产及其累计折旧分类汇总,复核加计数额是否正确,并与明细账和总账的余额核对相符。		
	2. 获取或编制本报告期固定资产增减变动明细表,检查增加固定资产的计价是否正确,手续是否完备;对已交付使用但尚未办理竣工结算等手续的固定资产,检查其是否暂估入账,并按规定计提折旧;检查资本性支出与收益性支出的划分是否恰当,检查减少的固定资产是否经授权批准,是否正确及时入账。		
	3. 实施抽查部分新增固定资产,确定其是否实际存在。		
	4. 抽查有关所有权证明文件,确定固定资产是否归被审计单位所有。		
	5. 复核固定资产保险范围、数额是否足够。		
	6. 获取租入(含融资租入)、租出固定资产相关的证明文件,并检查其会计处理是否正确。		
	7. 调查报告期内未使用、不需用固定资产的状况,及未使用、不需用的起止时间,并作出记录。		
	8. 了解并确认固定资产折旧政策,计算复核本报告期折旧的计提是否正确。		
	9. 检查涉及固定资产购置约定的资本性支出。		
	10. 验明固定资产、累计折旧是否已在资产负债表上恰当披露。		

7.4.2 固定资产审定表

固定资产审定表

客户：　　　　　　　　　　签名：　　　　　　　　　　日期：　　　　　　　　　　索引号：
项目：　　　　　　　　　　编制人：　　　　　　　　　　　　　　　　　　　　　　页次：
会计期间：　　　　　　　　复核人：　　　　　　　　　　　　　　　　　　　　　　单位：元

资产类别	上期末审定数	原　值								备注
		未审数			调整数		审定数			
		本期增加	本期减少	期末余额	本期增加	本期减少	本期增加	本期减少	期末余额	
	①	②	③	④=①+②-③	⑤	⑥	⑦=②+⑤	⑧=③+⑥	⑨=①+⑦-⑧	
合计										

审计调整：

审计结论：

7.4.3 累计折旧审定表

累计折旧审定表

客户：　　　　　　　　　　签名：　　　　　　　　　　日期：　　　　　　　　　　索引号：
项目：　　　　　　　　　　编制人：　　　　　　　　　　　　　　　　　　　　　　页次：
会计期间：　　　　　　　　复核人：　　　　　　　　　　　　　　　　　　　　　　单位：元

固定资产类别	固定资产原值	上期末审定数	未审数			调整数		审定数			残值率（%）	备注
			本期增加	本期减少	期末余额	本期增加	本期减少	本期增加	本期减少	期末余额		
		①	②	③	④=①+②-③	⑤	⑥	⑦=②+⑤	⑧=③+⑥	⑨=①+⑦-⑧		

续表

固定资产类别	固定资产原值	上期末审定数 ①	未审数			调整数		审定数			残值率（％）	备注
			本期增加 ②	本期减少 ③	期末余额 ④＝①＋②－③	本期增加 ⑤	本期减少 ⑥	本期增加 ⑦＝②＋⑤	本期减少 ⑧＝③＋⑥	期末余额 ⑨＝①＋⑦－⑧		
合计												

审计调整：

审计结论：

7.4.4　固定资产数量检查情况表

固定资产数量检查情况表

单位：元

序号	名称 (1)	规格 (2)	编号 (3)	账面原值 (4)	账面数量 (5)	实盘数量 (6)	账实相符 (7)	入账凭证号 (8)	计价正确 (9)	手续完备 (10)	具有所有权 (11)	备注 (12)

注：这里列示了固定资产数量检查情况表格式，但由于实际情况不在这进行填写了。

7.5 固定资产减值准备审计工作底稿的编制

7.5.1 固定资产减值准备审计程序表

固定资产减值准备审计程序表

客户：　　　　　　　　　签名：　　　　　　　　　　　　日期：　　　　　索引号：

项目：　　　　　　　　　编制人：　　　　　　　　　　　　　　　　页次：

会计期间：　　　　　　　复核人：

一、审计目标

1.固定资产减值准备的计提是否恰当；2.确定固定资产减值准备增减变动的记录是否完整；3.确定固定资产减值准备年末余额是否正确；4.确定固定资产减值准备在会计报表上的披露是否恰当。

二、审计程序

审计重点	审计程序	执行情况说明	索引号
	1. 核对固定资产减值准备明细账与总账、报表的余额是否相符。		
	2. 检查报告期内固定资产减值损失的原因，有无授权批准，有无已作减值损失处理后又收回的账款。		
	3. 验明固定资产减值准备是否已在资产负债表上恰当披露。		

7.5.2 固定资产减值准备审定表

固定资产减值准备审定表

客户：　　　　　　　　　签名：　　　　　　　　　　　　日期：　　　　　索引号：

项目：　　　　　　　　　编制人：　　　　　　　　　　　　　　　　页次：

会计期间：　　　　　　　复核人：　　　　　　　　　　　　　　　单位：元

类别	计量单位	账面数量	账面净值	可收回金额	预计损失	已提减值损失	应调整减值损失	审定数	审计说明

续表

类别	计量单位	账面数量	账面净值	可收回金额	预计损失	已提减值损失	应调整减值损失	审定数	审计说明
合计									

调整分录：

审计结论：

7.6　在建工程审计工作底稿的编制

7.6.1　在建工程审计程序表

在建工程审计程序表

客户：　　　　　　签名：　　　　　　日期：　　　　　索引号：

项目：　　　　　　编制人：　　　　　　　　　　　　　页次：

会计期间：　　　　复核人：

一、审计目标

1.确定在建工程是否存在；2.确定在建工程是否归被审计单位所有；3.确定在建工程增减变动的记录是否完整；4.确定在建工程的年末余额是否正确；5.确定在建工程在会计报表上的披露是否恰当。

二、审计程序

审计重点	审计程序	执行情况说明	索引号
	1. 获取或编制在建工程明细表,核对明细账与总账、报表的余额是否相符。		
	2. 检查在建工程项目、规模是否经授权批准。		
	3. 抽查报告期内在建工程增加数的原始凭证是否齐全,会计处理是否正确。		
	4. 检查已完工程项目以及其他转出数的原始凭证是否齐全,会计处理是否正确。		

续表

审计重点	审计程序	执行情况说明	索引号
	5. 检查在建工程账户期末余额构成内容,并到工程现场实地观察了解工程项目的实际完工进度,查看未安装设备的实际存在。		
	6. 检查是否存在已交付使用,但未办理竣工交付使用手续,未及时进行会计处理的项目。		
	7. 检查在建工程合约,以确定约定资本性支出。		
	8. 验明在建工程是否已在资产负债表上恰当披露。		

7.6.2 在建工程审定表

在建工程审定表

客户:　　　　　　　　签名:　　　　　　　　日期:　　　　　　　　索引号:

项目:　　　　　　　　编制人:　　　　　　　　　　　　　　　　　页次:

会计期间:　　　　　　复核人:　　　　　　　　　　　　　　　　　单位:元

资产类别	上期末审定数	未审数			调整数		审定数			备注
		本期增加	转入固定资产	期末余额	本期增加	转入固定资产	本期增加	转入固定资产	期末余额	
	①	②	③	④=①+②−③	⑤	⑥	⑦=②+⑤	⑧=③+⑥	⑨=①+⑦−⑧	
合计										

审计调整:

审计结论:

7.6.3　在建工程明细表

在建工程余额明细表

客户：　　　　　　　　签名：　　　　　　　　　日期：　　　　　　　索引号：
项目：　　　　　　　　编制人：　　　　　　　　　　　　　　　　　　页次：
会计期间：　　　　　　复核人：　　　　　　　　　　　　　　　　　　单位：元

工程项目名称	原预算数	开始施工日期	完工日期	批准文号	资金来源	期初数	期末数	检查情况
合计								

7.7　实 训 活 动

活动要求

- 应收账款审计工作底稿的编制
- 预付账款审计工作底稿的编制

活动内容

【训练 1】　应收账款审计工作底稿的编制
【训练 2】　预付账款审计工作底稿的编制

活动评价

【训练 1】　应收账款审计工作底稿的编制

应付账款审定表

客户：　　　　　　　签名：　　　　　　　　　　　　　　　　　　　　　　　　　索引号：
项目：　　　　　　　编制人：　　　　　　　　　日期：　　　　　　　　　　　　页次：
会计期间：　　　　　复核人：　　　　　　　　　日期：　　　　　　　　　　　　单位：元

供货方名称	期初余额	期末余额（未审数）		索引号	调整分录	重分类分录	审定数	备注
		外币	本位币		金额（＋、－）	金额（＋、－）		
大成公司	8 967 654.45		3 247 897.95					
长城公司	9 876 543.68		8 787 650.46		−500 000			
天建公司	2 345 653.78		566 838.43					
松花江公司	4 895 674.45		6 253 726.91					
光明公司	854 678.54		854 678.54		−854 678.54			
宏达公司	2 398 564.65		1 044 211.20		−894 220.81			
步森公司	897 656.78		894 200.81					
海天实业	54 326.89		163 227.08		−80 000			
远华公司								
合计	44 547 865.90		47 345 786.78		−2 328 899.35			
重分类分录：无								

调整分录：

借：应付账款——长城　　　　　借：应付账款——光明
公司 500 000　　　　　　　　　　公司 854 678.54
　贷：其他应付款　　　　　　　　　贷：资本公积
　长城公司 500 000　　　　　　　　509 212.54
　　　　　　　　　　　　　　　　　产成品 345 456.00

借：应付账款——步森
公司 894 220.81
　贷：其他应付款
　894 220.81

审计说明：

1. "应付账款"账户中应记入企业购货往来，而"临时借入工程结算资金"不应记入应付账款，调减应付账款 500 000；

2. A 公司因财务状况不佳，无法支付已有 3 年账龄的欠光明公司的 854 678.54 元货款（增值税不计），经与债权人协商，并达成债务重组协议，但 A 公司未按规定进行账务处理，应补充相关重组事项的会计处理；

3. A 公司"应付账款——步森公司"明细账户余额 894 220.81 元。但通过查阅原始凭证和询问有关业务人员，未能取得充分审计证据可以证明此款项的业务性质，无法判断债负债的存在性，应调减应付账款 894 220.81 元。

【训练 2】　预付账款审计工作底稿的编制

预付账款审定表

客户：　　　　　　　签名：　　　　　　　　日期：　　　　　　　索引号：
项目：　　　　　　　编制人：　　　　　　　　　　　　　　　　　页次：
会计期间：　　　　　复核人：　　　　　　　　　　　　　　　　　单位：元

供货单位	上期末审定数	未审数核对		调整分录金额（＋、—）	重分类分录金额（＋、—）	审定数
		项目	金额			
金胜公司	345 678.65		246 546.78			
远华公司	187 654.24		98 634.35	—80 000		
华泰公司	238 763.54		183 456.78	—300 000		
中正仪器厂	123 369.02		156 727.96			
合计	895 465.45		685 365.87	—380 000		
	重分类分录：					
	无					
	调整分录：					
	借：在建工程 300 000	借：应付账款——远华公司 80 000				
	贷：预付账款——华泰公司 300 000	贷：预付账款——远华公司 80 000				
	审计说明：					
	1. 支付给华泰公司的在建工程——技术改造款项 300 000 元，华泰公司已开具正式的工程施工发票，应冲减预收账款。	2. 预付账款和应付账款科目中均有远华公司的明细账户，其中预付账款科目有预付货款 98 634.35 元，应付账款中有应付远华公司货款 80 000 元，应将应付远华公司的货款与预付账款中的相同账户进行冲销处理。				
	审计结论：					
	要求 A 公司冲减预收账款共 380 000 元。					

本 章 小 结

采购与付款循环审计实训包括以下内容：第一，编制采购与付款循环控制测试程序表、调查问卷。第二，应付账款审计编制的工作底稿的编制，包括应付账款程序表编制，应付账款审定表编制，应付账款余额明细表的编制及应付账款函证情况表的编制。第三，预付账款审计工作底稿编制。第四，固定资产、累计折旧审计工作底稿的编制。第五，固定资产减值准备审计工作底稿的编制。第六，在建工程审计工作底稿编制。

思 考 题

1. 采购与付款循环审计实训包括哪些内容？
2. 如何对应付账款实施审计？
3. 固定资产审计如何实施审计？

第 8 章

生产循环审计工作底稿的编制实训

🎯 学习目标

- 掌握生产内部循环审计程序
- 掌握存货审计工作底稿的编制
- 掌握生产成本审计工作底稿的编制
- 掌握待摊费用审计的工作底稿的编制
- 掌握应付职工薪酬审计工作底稿的编制

8.1 生产循环内部控制工作底稿的编制

8.1.1 生产循环内部控制程序表

生产循环控制测试程序表

客户：　　　　　编制人：　　　　　日期：　　　　　索引号：

截止日期：　　　　复核人：　　　　　日期：　　　　　页次：

	执行情况索引号
1. 成本会计制度的符合性测试	
选择并获取某一成本报告期具有代表性的主要产成品计算单,对其成本及核算过程做如下检查。	
1.1 直接材料成本测试	
获取样本的生产指令或产量统计记录及其单位消耗定额,根据材料明细账或采购业务测试各项材料单位实际成本,计算直接材料的总消耗量和总成本,与该样本计算单中直接材料成本核对,并注意下列事项:	
——生产指令是否经授权批准	
——单位消耗定额和材料成本计价方法是否适当,在当年度有何重大变更	
非采用年定额单耗的企业	
获取材料费用分配汇总表、材料发出汇总表或领料单、材料明细账中各项该材料的单位成本,做如下检查。	

	执行情况索引号
成本计算单中直接材料成本与材料费用分配表中该产品负担的直接材料费用是否相符,分配标准是否合理	
抽取材料发出汇总表或领料单中若干种直接材料的发出总量和实际单位成本相乘,与材料费用分配表中各项该材料费用进行比较,并注意下列事项:	
——领料单的签发是否经过授权	
——材料发出汇总表是否经过适当人员的复核	
——材料单位成本计价方法是否适当,在年度内有何重大变更	
采用标准成本法的企业	
获取样本的生产指令或产量统计记录、直接材料单位标准用量、标准单价及发出材料汇总表或领料单,并检查下列事项。	
——根据生产量、直接材料单位标准用量及标准单价计算的标准成本与成本计算单中直接材料成本核对是否相符	
——直接材料成本差异的计算账务处理是否正确,并注意标准成本当年度内有何重大变更	
1.2 直接人工成本测试	
采用计时工资制的企业	
获取样本的实际工时统计记录与人工费用分配汇总表和职工工资手册及人工费用分配汇总表做如下检查。	
——成本计算单中直接人工成本与人工费用分配汇总表中该样本的直接人工费用核对是否相符	
——样本的实际工时统计记录与人工费用汇总表中该样本的实际工时核对是否相符	
——抽取生产部门若干天的工时台账与实际工时统计记录核对是否相符	
——当没有实际工时统计记录时,根据职员分类表及职员工资手册中的工资率计算复核人工费用分配汇总表中该样本的直接人工费用是否合理	
采用计件工资制企业	
获取样本的产量统计报告,个人(小组)产量记录和经批准的单位工资标准或计件工资制度,并做如下检查。	
——根据样本的统计产量和单位工资标准计算的人工费用与成本计算单中直接人工成本核对是否相符	
——抽取若干各直接人工的产量记录,检查是否被汇总计入产量统计报告	
采用标准成本法的企业	
获取样本的生产指令或产量统计报告、工时统计报告和经批准的单位标准工时、标准工时工资率、直接人工的工资汇总表等资料,并做如下检查。	
——根据产量和单位标准工时计算的标准工时总量与标准工时工资率相乘,并与成本计算单中直接人工成本核对是否相符	
——直接人工成本差异的计算与账务处理是否正确,并注意标准成本本年度内有何重大变化	
1.3 制造费用测试	
获取样本的制造费用的分配汇总表,按项目分列的制造费用明细账和制造费用分配标准有关的统计报告及其相关原始记录,并做如下检查。	

续表

	执行情况索引号
——制造费用分配汇总表中,样本分担的制造费用与成本计算单中的制造费用核对是否相符	
——制造费用分配汇总表中合计数与样本所属成本报告期的制造费用明细账总计数核对是否相符	
——制造费用分配汇总表选择的分配标准与相关统计报告核对是否相符	
——如采用预计费用分配率分配制造费用,则应针对分配过多或过少的差额,检查其是否作了适当会计处理	
——如采用标准成本法,则应检查标准制造费用的确定是否合理,计入成本计算单的数额是否正确,制造费用差异的计算与账务处理是否正确,注意标准制造费用在当年由何重大变更	
1.4 生产成本当年完工产品与在产品之间分配的测试	
检查成本计算单中在产品数量与生产统计报告或产品盘点表中数量是否一致	
检查在产品约当产量计算是否合理	
2. 工资及应付工资内部会计控制符合性测试	
选择 2～3 个月份工资汇总表计算复核	
从工资单中选择几个样本进行检查	
工资及应付工资的内部会计控制评价	
3. 存货采购业务内部会计控制的符合性测试	
选择几份购货合同或购货凭证做如下检查。	
——对每份购货合同及请购单的货物名称、规格、型号、请购量、授权批准、批准采购量、采购限价、单价、合计金额进行核对	
——审核每份购货合同相关的供应商发票、验收报告、入库单、付款结算凭证、记账凭证并追查至明细账与总账	
——采购业务内部控制评估	
4. 生产循环内部控制制度评价	

8.1.2　生产循环内部测试调查问卷

生产循环内部测试调查问卷

被审计单位:

审计项目:	编制:	日期:	索引号:
截止日期:	复核:	日期:	页　次:

调 查 问 题	答案			
	是	弱	否	不使用
一、存货管理的内部控制				
1. 领料管理				
1.1　有关部门负责人是否审批领料单?				

续表

调查问题	答案			
	是	弱	否	不使用
1.2　批准领料单是否经过部门负责人签章？				
1.3　领料单是否连续编号，按顺序使用				
1.4　领料单的发送是否根据授权发送的生产指令单发出？				
2.　仓库管理				
2.1　仓储人员是否如实发出材料？				
2.2　仓储人员是否在领料单上签章？				
2.3　仓储人员与稽核员是否定期或不定期地盘点材料库存？				
2.4　稽核员是否评价有关材料领发原始凭证？				
3.　会计记录				
3.1　会计主管是否评价材料汇总表及所附原始凭证？				
3.2　会计人员是否根据经过复核的记账凭证登记相关材料账？				
3.3　总分类账是否由总账会计负责登记？				
3.4　稽核员是否核对仓储部门材料明细账与财务部门有关材料账？				
3.5　材料的有关误差处理是否经过授权批准？				
3.6　生产部门对月末剩余材料是否办理退库或假退库手续？				
4.　职位分离				
核发、记账、稽核、核对职务是否由不同的人员担任？				
5.　内部审计				
内部审计人员是否定期对材料控制系统进行内部审计、评价、改进？				
二、工薪内部控制				
1.　人事管理				
1.1　员工的招聘、录用和辞退是否经授权批准？				
1.2　考勤人员是否经过授权考察员工绩效并签章？				
1.3　有无部分管理人员或职工的工资关系在公司的关联企业或其他单位？				
2.　工资管理				
2.1　公司的工资、福利是否包括期权、实物、疗养、医疗补贴等多种形式？				
2.2　工资的核算范围是否符合规定？				
2.3　计时、计件工资的原始记录是否健全、工资表的计算依据是否与相关统计报表的数额相符？				
2.4　工时卡等原始工时记录是否经授权的业务主管批准？				
2.5　工资是否经过银行代发？				
2.6　有关人员记录工时是否签章？				
2.7　人事、劳动部门是否具备独立、完整的工资档案及台账？				
3.　会计记录				

续表

调 查 问 题	答案			
	是	弱	否	不使用
3.1　会计主管是否评价工资表及所附原始凭证？				
3.2　原始工资发放表是否经领工资职员签字？				
3.3　会计人员是否将各种工资、福利形式进行适当的会计处理？				
3.4　工资表的编制是否由劳动部门办理？				
3.5　稽核员是否定期评价工时明细表与工时汇总表、工资汇总表、工资费用分摊表？				
3.6　稽核员是否评价有关结算原始凭证和代扣款原始凭证？				
3.7　工资的有关附加费是否有欠缴、欠提的现象？				
3.8　退休职工的各种费用是否由公司承担？				
4. 职位分离				
人事、考勤、记账、稽核、结算职务是否由不同的人员担任？				
5. 内部审计				
5.1　内部审计人员是否定期对工薪内部控制进行内部审计？				
5.2　内部审计是否定期或不定期对工薪内部控制进行评价和改进？				
三、制造费用内部控制				
1. 生产管理				
1.1　是否根据批准的生产计划组织生产？				
1.2　车间定额管理是否完整、正确？				
1.3　车间在产品、自制半成品和产成品等的计量管理是否完整、正确？				
1.4　车间生产原始记录是否完整、正确？				
2. 成本管理				
2.1　是否建立成本管理制度？				
2.2　成本核算方法是否适合企业的生产特点，是否严格执行？				
2.3　成本开支范围是否符合有关规定？				
2.4　是否定期进行成本分析，发现问题及时处理？				
2.5　固定资产折旧方法和期限选择是否与企业实际情况和国家规定相符？				
3. 会计记录				
3.1　制造费用的支出和归集是否经评价并正确入账？				
3.2　制造费用的分配标准是否恰当，计算是否正确？				
3.3　制造费用分配汇总表选择的分配标准与相关的统计报告或原始记录核对是否相符？				
3.4　对实际分配的制造费用与预计分配的费用或标准成本下确定的费用差异是否作了相应的账户处理？				
3.5　月末是否有非记账人员核对制造费用有关明细账与总账？				
4. 其他				
4.1　制造费用总分类账与明细账登记人员是否由不同人员承担？				
4.2　内部审计人员是否定期对制造费用控制系统进行内部审计、评价、改进？				

8.1.3 生产循环符合性测试表

生产循环符合性测试表

客户：
截止日期：

编制人：
复核人：

日期：
日期：

索引号：
页次：

项目	月初存货金额	发出材料汇总表金额	月末存货金额	本期应计入生产成本（制造费用）金额	在产品			入库产品数量	产量合计	标准成本法或定额成本法			应计材料定额差异	在产品成本	产成品成本
					在产品数量	当量系数	约当产量			数量	单价	金额			
	1	2	3	4＝1＋2－3	5	6	7＝5*6	8	9＝7＋8	10	11	12＝10*11	13＝4－12	14＝（12＋13）*7/9	15＝（12＋13）*8/9
各种服装产品															
审计说明：															
审计结论：															

8.2　存货审计工作底稿的编制

8.2.1　存货审计程序表

存货审计程序表

客户：　　　　　　　　编制人：　　　　　　日期：　　　　　　　索引号：

截止日期：　　　　　　复核人：　　　　　　日期：　　　　　　　页次：

一、审计目标

　　1.确定存货是否存在；2.确定存货是否归被审计单位所有；3.确定存货增减变动的记录是否完整；4.确定存货的品质状况,存货跌价准备的计提是否合理；5.确定存货的计价方法是否恰当；6.存货年末余额是否正确；6.确定存货在会计报表的披露是否恰当。

二、审计程序

审计重点	审计程序	执行情况说明	索引号
	1. 核对各项存货明细账余额与总账、报表余额是否相符。 2. 检查资产负债表日存货的实际存在。 参与被审计单位存货盘点的事前规划,或向委托人索取存货盘点计划； 盘点结束后索取盘点明细表或汇总表副本进行复核,并选择数额较大、收发频繁的存货项目与永续盘存记录进行核对。 3. 如未参与期末盘点,应在审计外勤工作时对存货进行抽查； 获取并检查被审计单位期末存货盘点计划及存货盘点明细表、汇总表,评价委托人盘点的可信程度； 根据被审计单位存货盘点的可信程度,选择重点的存货项目进行抽查盘点或全额盘点,并倒轧计算出资产负债表日的存货数量。 4. 在监盘或抽查被审计单位存货时,要检查有无代他人保存和来料加工的存货,有无未作账务处理而置于(或寄存)他处的存货,这些存货是否正确列示于存货盘点表中。 5. 在监盘或抽查被审计单位存货时,要注意观察存货的品质状况,要征询技术人员、财务人员、仓库管理人员的意见,以了解和确定存货中属于残次、毁损、滞销积压的存货及其对当期损益的影响。 6. 获取存货盘点盈亏调整和损失处理记录,检查重大存货盘亏和损失的原因有无充分合理的解释,重大存货盘亏和损失的会计处理是否已经授权审批,是否正确及时地入账。 7. 检查被审计单位存货跌价损失准备计提和结转的依据、方法和会计处理方法是否正确,是否经授权批准,前后期是否一致。 8. 查阅资产负债表日前后若干天的存货增减变动的有关账簿记录和原始凭证,检查是否正确,是否经授权批准,前后期是否一致。		

审计重点	审计程序	执行情况说明	索引号
	9. 根据被审计单位存货计价方法,抽查期末结存量比较大的存货的计价是否正确。若存货以计划成本计价,还应检查"材料成本差异"账户发生额、转销额是否正确,期末余额是否恰当。注意有无任意改变材料差异的分配方法,有无不按月结转材料成本差异或任意多转、少转、不转差异的情况。 10. 抽查材料采购账户,对大额的采购业务,追查自订货至到货验收、入库全过程的合同、凭证、账簿记录,以确定其是否完整、正确。抽查有无购货折让、购货退回、损坏赔偿、调换等事项。抽查若干在途材料项目,追查至相关购货合同及购货发票,并复核采购成本的正确性。 不设"材料采购"科目的,上述检查方法适用于对在途材料和原材料、包装物购进的检查。 11. 抽查存货发出的原始凭证是否齐全、内容是否完整、计价是否正确。 12. 抽查委托加工材料发出收回的合同、凭证,核对其计费、计价是否正确,有无长期未收回的货款,必要时对委托加工材料的实际存在进行函证。 13. 抽查大额分期收款发出商品的原始凭证及相关协议、合同,确定其是否按约定时间收回货款;如有逾期或其他异常事项,由被审计单位作出合理解释,必要时进行函证。 根据被审计单位存货盘点的可信程度,选择重点的存货项目进行抽查盘点或全额盘点,并倒轧计算出资产负债表日的存货数量。 14. 低值易耗品与固定资产的划分是否合理,其摊销方法及摊销金额的确定是否正确。 15. 对业已进账并纳入资产负债表内的受托代销商品,可参照存货的检查方法进行检查;对未记账、资产负债表外的受托代销商品的检查,可依据"受托代销商品备查簿"进行实物盘点,与"备查簿"及相关记录核对一致,如有差异,查明原因并作出记录。 16. 抽查产成品交库单,核对其品种、数量和实际成本与生产成本的结转数是否相符。 17. 抽查产成品的发出凭证核对其品种、数量和实际成本与产品销售成本是否相符。 18. 了解存货的保险情况和存货防护措施的完善程度,并作出相应记录。 19. 验明存货是否已在资产负债表上恰当披露。		

8.2.2　存货审定表

存货审定表

客户：　　　　　　　编制人：　　　　　　　日期：　　　　　　　索引号：
截止日期：　　　　　　复核人：　　　　　　　日期：　　　　　　　页次：

上期末审定数	未审数核对			索引号	调整分录金额（＋、－）	审定数
	索引号	项目	金额			
		报表数				
		明细账：				
		物资采购				
		原材料				
		包装物				
		低值易耗品				
		材料成本差异				
		自制半成品				
		库存商品				
		商品进销差价				
		委托加工物资				
		委托代销商品				
		受托代销商品				
		分期收款发出商品				
		合计				

调整分录：

审计结论：

8.2.3 存货计价审定表

被审计单位名称：
审计项目名称：
会计报表截止日期：

存货计价审定表

执行人：　　　　　索引号：
复核人：　　　　　页次：

日期：
日期：

存货类别	抽查品名及规格	计价方法	期初余额			本期增加			本期减少			期末余额			账面数	差额
			数量	单价	金额	数量	单价	金额	数量	单价	金额	数量	单价	金额		
1																
2																
3																
4																
5																
6																
7																
8																
9																
10																
11																
12																

计价方法：一、购入：本年　　法　　上年　　法　　二、发出：本年　　法　　上年　　法

8.2.4 存货抽盘表

存货抽盘表

被审计单位名称：
截止日期：

编制人： 复核人： 日期： 日期：

索引号：
页 次：

存货名称和规格	单位	单价	盘点前账面记录		尚未入账数				应结存		被审计单位盘点记录		抽查记录		抽查结果差异		备注
					入库		发出										
			数量	金额	数量	金额	数量	金额	数量	金额	数量	金额	数量	金额	库令数量	金额	

抽查金额　　　元　　　　库存账面金额　　　元　　　　抽查比例　　　%

正确金额　　　元　　　　抽查金额　　　元　　　　抽查正确率　　　%

情况说明及审计意见：

注：抽查比例＝抽查金额/库存账面金额，库存账面余额可采用本月末或抽查日止的余额，若存货变动不大时可采用上月末存货余额

库存账面金额

8.2.5 存货盘点情况汇总表

客户:
截止日期:

编制人:
复核人:

存货盘点情况汇总表

日期:
日期:

索引号:
页　次:

项目	盘点日期	盘点日账面额	尚未入账		盘点日应存额	盘点日实存额	盘点盈亏	盘亏已调整（√）	盘点日至截止日	截止日账面额	参与盘点人员
			入库额	出库额							
低值易耗品											
材料成本差异											
自制半成品											
库存产品											
商品进销差价											
委托加工物资											
委托代销商品											
受托代销商品											
分期收款发出商品											
合计											

盘亏、毁损原因及处理情况:

8.3　存货跌价准备审定表的编制

存货跌价准备审定表

客户：　　　　　　　　　　　编制人：　　　　　　日期：　　　　索引号：
截止日期：　　　　　　　　　复核人：　　　　　　日期：　　　　页次：

存货类别	索引号	未审数	审计调整数		审定数	上期数
			借	贷		
合计						

调整分录：

审计结论：

8.4　生产成本审计工作底稿的编制

8.4.1　生产成本审计程序表

生产成本审计程序表

被审计单位：　　　　　　　　　审核员：　　　　日期：　　　　索引号：
审查项目：生产成本　　会计期间：　　　复核员：　　　　日期：　　　　页　次：

一、审计目标

1.确定生产成本是否存在；2.确定生产成本是否归被审计单位所有；3.确定生产成本增减变动的记录是否完整；4.确定生产成本的品质状况,存货跌价准备的计提是否合理；5.确定生产成本的计价方法是否恰当；6.生产成本年末余额是否正确。

二、审计程序

序号	内　　容	执行情况说明	索引号
1	获取或编制生产成本汇总明细表,复核加计正确并与总账数、明细账合计数核对是否相符。		
2	对生产成本进行分析性复核,检查各月及前后期同一产品的单位成本是否有异常波动,注意是否存在调整成本现象。		
3	了解并记录生产工艺流程和成本核算方法,检查其成本核算方法与生产流程是否适应,前后期是否一致,并作出记录。		
4	检查车间在产品盘存资料,复核与生产成本期末余额是否逻辑相符,期末余额是否恰当。		
5	抽查主要品种某一个月的产品成本结转是否符合规定,流程结转金额是否准确。		
6	检查生产成本在完工产品与在产品之间分配是否正确,分配标准和计算方法是否有重大变化,是否合理和适当。		
7	抽查成本计算单,检查直接材料、直接人工的计算是否正确,分配和计算方法是否合理和适当,制造费用的分配是否合理、正确。		
8	在以计划成本计价条件下,应以样本的单位成本与生产明细账及成本计算单核对。		
9	验明生产成本余额的披露是否恰当。		

8.4.2　生产成本审定表

生产成本审定表

客户：　　　　　　　　　编制人：　　　　　　　　日期：　　　　　　　　索引号：

截止日期：　　　　　　　复核人：　　　　　　　　日期：　　　　　　　　页次：

项目	原材料	直接生产工人工资	直接生产工人福利费	制造费用			领用自制半成品	合计	备注
上期结转									
1									
2									
3									
4									
5									
6									
7									
8									
9									
10									
11									
12									
合计									

续表

项目	原材料	直接生产工人工资	直接生产工人福利费	制造费用			领用自制半成品	合计	备注
结转产成品成本									
结转自制半成品									
期末在产品									
调整数									
审定数									

备注：

1、原材料领用与原材料发出核对相符：（　　　）

2、直接生产工人工资、福利费与应付工资、应付福利费用审定表核对相符：（　　　）

3、制造费用与制造费用审定表核对相符：（　　　）

4、其他直接费用经抽查未发现差误：（　　　）

5、生产成本在产成品(包括自制半成品)与在产品之间分配,经抽查遵守了一贯性原则：（　　　）

6、期末在产品与盘点数(盘盈、盘亏已作处理)核对相符：（　　　）

8.5　待摊费用审计工作底稿的编制

8.5.1　待摊费用审计程序表

待摊费用审计程序表

被审计单位：　　　　　　　　审核员：　　　　　日期：　　　　　索引号：

审查项目：待摊费用　　会计期间：　　　复核员：　　　　　日期：　　　　　页　次：

一、审计目标

　　1.确定待摊费用会计处理是否恰当；2.确定待摊费用入账和转销的记录是否完整；3.确定待摊费用余额是否正确；4.确定待摊费用的披露是否恰当。

二、审计程序

序号	内　　容	执行情况说明	索引号
1	获取或编制待摊费用明细表,复核加计正确并与总账数、报表数和明细账合计数核对是否相符。		
2	抽查大额待摊费用发生的原始凭证及相关文件、资料,以查核其发生额是否正确。		
3	抽查大额待摊费用受益期的有关文件、资料,确认待摊费用受益期及其摊销额是否正确。		
4	检查有无不属于待摊费用性质的会计事项,有无长期未结清的待摊费用,如有应查明原因,必要时作调整。		
5	检查有无不能为企业带来利益的待摊费用,如有,应将其全部转入相关成本。		
6	验明待摊费用的披露是否恰当。		

8.5.2 待摊费用审定表

待摊费用审定表

客户：　　　　　　　　　　编制人：　　　　　　　　　日期：　　　　　　　　索引号：

截止日期：　　　　　　　　复核人：　　　　　　　　　日期：　　　　　　　　页次：

明细项目内容	上期末审定数	未审数			调整数		审定数			查证
		本期增加	本期摊销	期末余额	本期增加	本期摊销	本期增加	本期摊销	期末余额	
	①	②	③	④=①+②－③	⑤	⑥	⑦=②+⑤	⑧=③+⑥	⑨=①+⑦－⑧	
合计										

调整分录：

审计结论：

8.6　待处理财产损溢审计工作底稿的编制

8.6.1　待处理财产损溢审计程序表

待处理财产损溢审计程序表

客户：　　　　　　　　　　编制人：　　　　　　　　　日期：　　　　　　　索引号：

截止日期：　　　　　　　　复核人：　　　　　　　　　日期：　　　　　　　页次：

一、审计目标

　　1.确定待处理流动资产损溢会计政策是否恰当；2.确定待处理流动资产损溢入账和转销的记录是否完整；3.确定待处理流动资产损溢年末余额是否正确；4.确定待处理流动资产损溢在会计报表的披露是否恰当。

二、审计程序

审计重点	审计程序	执行情况说明	索引号
	1. 获取或编制待处理流动资产损溢明细表，复核其加计的正确性，并与明细账、总账账户期末余额核对一致。		

续表

审计重点	审计程序	执行情况说明	索引号
	2. 抽查证明大额待处理流动资产损溢发生的原始凭证及相关文件、资料,以查核其发生额是否正确。		
	3. 抽查证明大额待处理流动资产损溢的有关文件、资料,确认待处理流动资产损溢金额是否正确。		
	4. 检查有无不属于待处理流动资产损溢性质的会计事项,有无长期未结清的待处理流动资产损溢。如有,应查明原因并作出记录,必要时作适当调整。		
	5. 验明待处理流动资产损溢是否已在资产负债表上恰当披露。		

8.6.2　待处理财产损溢审定表

待处理财产损溢审定表

客户：　　　　　　　　　　编制人：　　　　　　　　日期：　　　　　　　　索引号：
截止日期：　　　　　　　　复核人：　　　　　　　　日期：　　　　　　　　页次：

明细项目内容	上期末审定数	本期增加	本期转销	未审数	调整数	审定数	查证
待处理流动资产损溢							
待处理固定资产损溢							
合计							

调整分录：

审计结论：

8.7 应付职工薪酬审计工作底稿的编制

8.7.1 应付职工薪酬审计程序表

应付职工薪酬审计程序表

客户：　　　　　　　编制人：　　　　　　日期：　　　　　　　索引号：
截止日期：　　　　　复核人：　　　　　　日期：　　　　　　　页次：

一、审计目标

　　1.确定应付职工薪酬发生及偿还记录是否完整；2.确定应付职工薪酬的年末余额是否正确；3.确定应付职工薪酬在会计报表上的披露是否充分。

二、审计程序

审计重点	审计程序	执行情况说明	索引号
	1. 通过分析性复核,检查报告期工资有无异常波动情况,并查明原因,作出记录。		
	2. 抽查应付职工薪酬的支付凭证,确定工资、奖金、津贴的计算是否符合有关规定,依据是否充分,有无授权批准和领款人签章,是否按规定代扣款项,相应的会计处理是否正确。		
	3. 将应付职工薪酬贷方发生额累计数与相关的成本、费用账户核对一致。		
	4. 验明应付职工薪酬是否已在资产负债表上充分披露。		

8.7.2 应付职工薪酬审定表

应付职工薪酬审定表

客户：　　　　　　　编制人：　　　　　　日期：　　　　　　　索引号：
截止日期：　　　　　复核人：　　　　　　日期：　　　　　　　页次：

索引号	明细项目		未审数	调整数	审定数	备注
	年初余额					
	本期贷方发生额	提取合计				
		生产成本				
		制造费用				
		管理费用				
		营业费用				
		应付福利费				

续表

索引号	明细项目		未审数	调整数	审定数	备注
		年初余额				
	本期贷方发生额	发放合计				
		生产成本				
		制造费用				
		管理费用				
		营业费用				
		应付福利费				
		年末余额				

审计调整：

审计结论：

8.8　预提费用审计工作底稿的编制

8.8.1　预提费用审计程序表

预提费用审计程序表

客户：　　　　　　　　编制人：　　　　　　日期：　　　　　　索引号：

截止日期：　　　　　　复核人：　　　　　　日期：　　　　　　页次：

一、审计目标

　　1.确定预提费用的计提和转销记录是否完整；2.确定预提费用的年末余额是否正确；3.确定预提费用在会计报表上的披露是否充分。

二、审计程序

审计重点	审计程序	执行情况说明	索引号
	1. 获取或编制预提费用明细表,复核其加计的正确性,并与明细账、总账和报表的余额核对一致。		
	2. 抽查大额预提费用提取的记账凭证及相关文件资料,确定其预提额和会计处理是否正确。		
	3. 抽查大额预提费用转销记账凭证及相关文件资料是否齐全,其会计处理是否正确。		
	4. 检查有无不属于预提费用性质的会计事项,有无长期未转销的预提费用;如有,应查明原因并作出记录,必要时作适当调整。		
	5. 验明预提费用是否已在资产负债表充分披露。		

8.8.2 预提费用审定表

预提费用审定表

客户：　　　　　　　　编制人：　　　　　　　日期：　　　　　　索引号：

截止日期：　　　　　　复核人：　　　　　　　日期：　　　　　　页次：

明细项目内容	上期末审定数	本期计提	本期转销	未审数	调整数	审定数	审计说明
合计							

审计调整：

审计结论：

8.9　主营业务成本审计工作底稿的编制

8.9.1　主营业务成本审计程序表

主营业务成本审计程序表

客户：	编制人：	日期：	索引号：
截止日期：	复核人：	日期：	页次：

一、审计目标

　　1.确定产品销售成本的记录是否完整；2.确定产品销售成本的计算是否正确；3.确定产品销售成本与销售收入是否配比；4.确定产品销售成本在会计报表上的披露是否恰当。

二、审计程序

审计重点	审计程序	执行情况说明	索引号
	1. 直接材料成本：		
	抽查产品成本计算单,检查直接材料成本的计算是否正确,材料费用的分配标准与计算是否合理和适当,是否与材料费用分配汇总表中该产品分摊的直接材料费用相符； 分析比较同一产品前后报告期的直接材料成本,如有重大波动应查明原因； 抽查材料发出及领用的原始凭证,检查领单的签发是否经过授权批准,材料发出汇总表是否经过适当的人员复核,材料单位成本计价方法是否适当,是否正确、及时入账； 对采用定额成本或标准成本的企业,应检查直接材料成本差异的计算、分配与会计处理是否正确,并查明直接材料的定额成本,标准成本在本年度内有关重大变化。		
	2. 直接人工成本：		
	抽查产品成本计算单,检查直接人工成本的计算是否正确,人工费用的分配标准与计算方法是否合理和适当,是否与人工费用分配汇总表中该产品分摊的直接人工费用相符； 将本报告期直接人工成本与前期进行比较,查明其异常变动的原因； 结合应付工资的审查,抽查人工费用会计记录及会计处理是否正确； 对采用标准成本法的,应抽查直接人工成本差异的计算、分配与会计处理是否正确,并查明直接人工的标准成本在报告期内有无重大变动。		

续表

审计重点	审计程序	执行情况说明	索引号
	3. 制造费用 获取或编制制造费用汇总表,并与明细账、总账核对相符,抽查制造费用中的重大数额项目及例外项目是否合理; 审阅制造费用的明细账,检查其核算内容及范围是否正确,并应注意是否存在异常会计事项,如有,则应追查至记账凭证及原始凭证; 必要时,对制造费用实施截止日测试,即检查资产负债表日前后若干天的制造费用明细账及其凭证,确定有无跨期入账的情况; 对于采用标准成本法的,应抽查标准制造费用的确定是否合理,计入成本计算单的数额是否正确,制造费用差异的计算、分配与会计处理是否正确,并查明标准制造费用及本年度内有无重大变动。		
	4. 产品销售成本: 获取或编制产品销售成本明细表,与明细账、总账和报表核对相符; 编制生产成本及销售成本倒轧表,与总账核对相符; 分析比较本报告期与上期产品销售成本总额,以及本报告期各月份的产品销售成本金额,如有重大波动和异常情况,应查明原因; 结合生产成本的审计,抽查销售成本结转数额的正确性,并检查其是否与销售收入配比; 检查销售成本账户中重大调整事项(如销售退回、委托代销商品)是否有其充分理由。		
	5. 验明产品销售成本是否已在损益表上恰当披露。		

8.9.2　主营业务成本审定表

主营业务成本审定表

客户:　　　　　　　　　　编制人:　　　　　　　　日期:　　　　　　　　索引号:

截止日期:　　　　　　　　复核人:　　　　　　　　日期:　　　　　　　　页次:

项目	期初产成品		本期结转产成品		本期结转销售成本		期末产成品		本期单位销售成本	上期销售		上期单位销售成本	本期与上期单位成本变动比例	备注
	数量	金额	数量	金额	数量	金额	数量	金额		数量	金额			

续表

项目	期初产成品		本期结转产成品		本期结转销售成本		期末产成品		本期单位销售成本	上期销售		上期单位销售成本	本期与上期单位成本变动比例	备注
	数量	金额	数量	金额	数量	金额	数量	金额		数量	金额			

审计说明：

8.10　主营业务成本工作底稿的编制

主营业务成本审计程序表

客户：　　　　　　　　　编制人：　　　　　日期：　　　　　索引号：

截止日期：　　　　　　　复核人：　　　　　日期：　　　　　页次：

一、审计目标

　　1.确定产品销售成本的记录是否完整；2.确定产品销售成本的计算是否正确；3.确定产品销售成本与销售收入是否配比；4.确定产品销售成本在会计报表上的披露是否恰当。

二、审计程序

审计重点	审计程序	执行情况说明	索引号
	1. 直接材料成本		
	抽查产品成本计算单,检查直接材料成本的计算是否正确,材料费用的分配标准与计算是否合理和适当,是否与材料费用分配汇总表中该产品分摊的直接材料费用相符; 分析比较同一产品前后报告期的直接材料成本,如有重大波动应查明原因; 抽查材料发出及领用的原始凭证,检查领单的签发是否经过授权批准,材料发出汇总表是否经过适当的人员复核,材料单位成本计价方法是否适当,是否正确、及时入账; 对采用定额成本或标准成本的企业,应检查直接材料成本差异的计算、分配与会计处理是否正确,并查明直接材料的定额成本,标准成本在本年度内有关重大变化。		

审计重点	审计程序	执行情况说明	索引号
	2. 直接人工成本		
	抽查产品成本计算单,检查直接人工成本的计算是否正确,人工费用的分配标准与计算方法是否合理和适当,是否与人工费用分配汇总表中该产品分摊的直接人工费用相符; 将本报告期直接人工成本与前期进行比较,查明其异常变动的原因; 结合应付工资的审查,抽查人工费用会计记录及会计处理是否正确; 对采用标准成本法的,应抽查直接人工成本差异的计算、分配与会计处理是否正确,并查明直接人工的标准成本在报告期内有无重大变动。		
	3. 制造费用		
	获取或编制制造费用汇总表,并与明细账、总账核对相符,抽查制造费用中的重大数额项目及例外项目是否合理; 审阅制造费用的明细账,检查其核算内容及范围是否正确,并应注意是否存在异常会计事项,如有,则应追查至记账凭证及原始凭证; 必要时,对制造费用实施截止日测试,即检查资产负债表日前后若干天的制造费用明细账及其凭证,确定有无跨期入账的情况; 对于采用标准成本法的,应抽查标准制造费用的确定是否合理,计入成本计算单的数额是否正确,制造费用差异的计算、分配与会计处理是否正确,并查明标准制造费用及本年度内有无重大变动。		
	4. 产品销售成本		
	获取或编制产品销售成本明细表,与明细账、总账和报表核对相符; 编制生产成本及销售成本倒轧表,与总账核对相符; 分析比较本报告期与上期产品销售成本总额,以及本报告期各月份的产品销售成本金额,如有重大波动和异常情况,应查明原因; 结合生产成本的审计,抽查销售成本结转数额的正确性,并检查其是否与销售收入配比; 检查销售成本账户中重大调整事项(如销售退回、委托代销商品)是否有其充分理由。		
	5. 验明产品销售成本是否已在损益表上恰当披露。		

预提费用审计程序表

客户：　　　　　　　编制人：　　　　　　日期：　　　　　　索引号：

截止日期：　　　　　复核人：　　　　　　日期：　　　　　　页次：

一、审计目标

　　1. 确定预提费用的计提和转销记录是否完整；2. 确定预提费用的年末余额是否正确；3. 确定预提费用在会计报表上的披露是否充分。

二、审计程序

审计重点	审计程序	执行情况说明	索引号
	1. 获取或编制预提费用明细表，复核其加计的正确性，并与明细账、总账和报表的余额核对一致。		
	2. 抽查大额预提费用提取的记账凭证及相关文件资料，确定其预提额和会计处理是否正确。		
	3. 抽查大额预提费用转销记账凭证及相关文件资料是否齐全，其会计处理是否正确。		
	4. 检查有无不属于预提费用性质的会计事项，有无长期未转销的预提费用；如有，应查明原因并作出记录，必要时作适当调整。		
	5. 验明预提费用是否已在资产负债表充分披露。		

8.11　实　训　活　动

活动要求

- 存货跌价准备审计案例
- 待摊费用审计案例

活动内容

【训练 1】　练习存货跌价准备审计实训

北京顺利公司 2022 年度存货跌价准备为 14 万元，审计人员结合存货审计发现：

1. 2022 年 12 月 31 日，顺利公司对账面余额 453 000 元，已计提 20 000 元跌价准备的原材料 A 进行检查，发现受到市场行情影响，其市值有所恢复，已超过原账面价值。被审计单位未作任何账务处理。

2. 2022 年 12 月 31 日，顺利公司对账面余额 40 万元，已计提跌价准备的库存商品 M 进行检查，发现已霉烂变质，于是计提了 3 万元跌价准备。审计人员根据相关资料，认为其符合全额计提跌价准备的条件，建议调整。请填写存货跌价准备的工作底稿。

【训练 2】　练习待摊费用审计方法的运用

北京顺利公司资产负债表"待摊费用"列示数额为 48 333 261 元（账簿见下图），经审验所有项目应摊实摊情况除"装修费"外，其余均正确无误。本年 12 月 1 日支付装修费 300 000 元，拟于 2.5 年内摊销，2022 年未进行分摊，审计人员建议调整。

请填写存货跌价准备的工作底稿。

明 细 分 类 账

账　号	总页码
页　次	

账户名称　待摊费用

22年 月	日	凭证编号	摘　要	借　方	√	贷　方	√	借或贷	余　额	核　对
								借	5 850 015	
10								借	9 129 097	
11								借	19 299 179	
12				864 000				借	20 163 179	
				30 000 000				借	50 163 179	
						4 329 918		借	45 833 261	

活动评价

【训练1】 练习存货跌价准备审计实训

存货跌价准备审定表

客户：北京顺利公司　　　　编制人：张三　　　　　日期：2023年1月21日　　　　索引号：
截止日期：　　　　　　　　复核人：　　　　　　　日期：　　　　　　　　　　　页次：

存货类别	索引号	未审数	审计调整数		审定数	上期数
			借	贷		
原材料A	20 000	20 000	0			
商品M	150 000	250 000	400 000			
		170 000	20 000	250 000	400 000	
合计						

续表

存货类别	索引号	未审数	审计调整数		审定数	上期数
			借	贷		
调整分录：	1. 借：存货跌价准备　　　20 000 　　贷:管理费用　　　　　　　　　20 000 2. 借：管理费用　　　250 000 　　贷:存货跌价准备　　　　　　250 000					
审计结论：	通过审计调查,建议该公司调增存货跌价准备款 230 000 元。如果调整数在重要性水平以下,被审计单位是否调整不影响注册会计师对审计报告的出具,如果超过重要性水平,同时被审计单位拒绝调整,注册会计师将出具保留意见审计报告。					

【训练 2】　练习待摊费用审计方法的运用

待摊费用审定表

客户：北京胜利公司　　　　　　编制人：张三　　　　日期　2023 年 1 月 22 日　　　索引号：
截止日期：　　　　　　　　　复核人：　　　　　　　日期：　　　　　　　　　页次：

明细项目内容	上期末审定数	未审数			调整数		审定数			查证
		本期增加	本期摊销	期末余额	本期增加	本期摊销	本期增加	本期摊销	期末余额	
	①	②	③	④=①+②-③	⑤	⑥	⑦=②+⑤	⑧=③+⑥	⑨=①+⑦-⑧	
10—12 月	58 500.15	308 640	43 299.18	458 336.48	0	10 000	308 640	53 299	448 336.48	
合计										

调整分录：借：管理费用　　　　　　10 000
　　　　　　贷：待摊费用　　　　　　10 000
审计结论：通过审计调查,该公司应该调减待摊费用 10 000 元,如果调整的金额在重要性水平以内,不影响审计意见的出具,如果调整的金额超过重要性水平,同时被审计单位拒绝调整,可以考虑出具保留审计意见。

本 章 小 结

生产循环审计实训环节包括以下内容：

第一，编制与生产循环有关的控制测试程序表、调查问卷和测试表。

第二，编制存货审计程序表、审定表、计价审定表、抽盘表、存货盘点情况汇总表、存货跌价准备审定表。

第三，编制生产成本、待摊费用、待处理财产损溢、应付职工薪酬、应付福利费、预提费用、主营业务成本的审计程序表和审定表。

思 考 题

1. 试比较生产循环有关的控制测试程序表、调查问卷和测试表联系及区别。

2. 存货审计需要填写哪些审计工作底稿？

3. 生产成本审计程序表和审计审定表如何编写？

4. 应付职工薪酬审计程序表和审计审定表如何编写？

5. 主营业务成本审计程序表和审计审定表如何编写？

第 9 章

投资与筹资循环审计工作底稿的编制实训

🎯 学习目标

- 掌握投资与筹资循环审计程序
- 掌握投资与筹资内部控制测试及评价
- 掌握金融资产投资及审计工作底稿的编制
- 掌握应收股利工作底稿的编制
- 掌握长期股权投资及长期股权投资跌价准备工作底稿的编制

9.1 投资与筹资循环内部控制审计工作底稿的编制

9.1.1 投资与筹资内部控制测试程序

筹资与投资循环控制测试程序表

客户：	编制人：	日期：	索引号：
会计期间：	复核人：	日期：	页次：

	执行情况	索引号
一、检查和评价与筹资业务相关的内部控制的执行情况： 1. 检查筹资业务内部控制制度的遵循情况，并作出相应记录 2. 公司债券和股票交易是否均经董事会人员办理，属巨额交易的，是否对被授权者规定明确的限额，超过限额是否获董事会批准 3. 借款是否均签订合同，抵押担保是否获授权批准 4. 利息支出是否按期入账，是否划清资本性支出和收益性支出 5. 实收资本是否经注册会计师验证 二、检查和评价与投资业务相关的内部控制的执行情况： 1. 检查投资项目是否经授权批准，投资金额是否及时入账 2. 检查投资项目是否与被投资单位签订投资合同、协议 3. 长期投资的核算方法是否符合有关财务会计制度的规定，相关投资收益会计处理是否正确，手续是否齐全 4. 有价证券的买卖是否经适当授权，是否妥善保管并定期盘点核对		

9.1.2 筹资和投资内部控制调查问卷

筹资与投资循环内部调查表

客户：　　　　　　　编制人：　　　　　　　日期：　　　　　　　索引号：

截止日期：　　　　　复核人：　　　　　　　日期：　　　　　　　页次：

调查项目	适用与否	说明
1. 重大借款和筹资行为是否经董事会批准？		
2. 融资借款是否签订借款合同？		
3. 抵押、担保是否获得授权批准？		
4. 利息支出是否按期入账，并划清资本性支出和收益性支出的界限？		
5. 实收资本是否经注册会计师验证？		
6. 是否按年编制资本预算，并经董事会批准？		
7. 购买证券、期货是否经董事会、高级管理机构、财务部门核准？		
8. 全部公司债券、股票、期货和外汇交易是否经董事会授权的人员处理？		经总经理授权
9. 对上述的巨额交易是否对被授权人规定一定的限额，超过限额须获得董事会批准？		1亿元以上
10. 上述交易所得是否如数及时存入银行？		
11. 财务部门是否把所有投资合同、协议存档，妥善保管？		
12. 是否定期盘核有价证券，并与会计记录核对？		
13. 有价证券保管人员是否与该会计处理人员分离？		
14. 有价证券是否以被审计单位名义登记？		
15. 是否对每一种有价证券设立明细分类账并逐笔登记交易情况，记录盈亏？		
16. 投资项目是否均经过授权批准，投资金额是否及时入账？		
17. 与被投资单位签订投资合同、协议是否获得被投资单位的投资证明？		
18. 长期投资的核算是否符合有关财务制度，相关的投资收益会计处理是否正确？		
19. 对投资收益合并报表和按权益法计算的附属企业是否进行过审计？		

调查说明及结论：

9.2　金融资产投资审计工作底稿的编制

9.2.1　金融资产投资审计程序表

金融资产投资审计程序表

客户：　　　　　　　　编制人：　　　　　　　日期：　　　　　　　索引号：
截止日期：　　　　　　复核人：　　　　　　　日期：　　　　　　　页次：

一、审计目标

　　1.确定有价证券是否存在；2.确定有价证券是否归被审计单位所有；3.确定金融资产投资的增减变动及其收益(或损失)的记录是否完整；4.确定金融资产投资年末余额是否正确；5.确定金融资产投资的计价是否正确；6.确定金融资产投资在会计报表上的披露是否恰当。

二、审计程序

审计重点	审计程序	执行情况说明	索引号
	1. 核对金融资产投资明细账与总账、报表余额是否相符。		
	2. 会同被审计单位主管会计人员盘点库存有价证券,编制"库存有价证券盘点表",列明有价证券名称、数量、票面价值和取得成本并与相关账户余额进行核对；如有差异,应查明原因,并作出记录或进行适当调整。		
	3. 在外保管的有价证券应查阅有关保管的证明文件,必要时可向保管人函证。		
	4. 检查有价证券购入、售出或兑现的原始凭证是否完整,会计处理是否正确。		
	5. 复核与金融资产投资有关的计算是否准确,并与投资收益有关项目核对。		
	6. 了解有价证券的可变现能力,并作出记录。		
	7. 检查有无长期投资性质的金融资产投资项目,并作适当的说明和调整。		
	8. 有价证券在资产负债表日的市值与其成本存在着显著差异时,应作出详细记录,并提请被审计单位作适当披露。		
	9. 验明金融资产投资是否已在资产负债表上恰当披露。		

9.2.2 金融资产投资审定表

金融资产投资审定表

客户：　　　　　　　　编制人：　　　　　　　日期：　　　　　　　索引号：

截止日期：　　　　　　复核人：　　　　　　　日期：　　　　　　　页次：

上期末审定数	未审数核对			索引号	调整分录金额 （＋、一）	审定数
	索引号	项目	金额			
		报表数				
		明细账：				
		合计				

审计说明：

审计结论：

9.3　应收股利审计工作底稿的编制

9.3.1　应收股利审计程序表

应收股利审计程序表

客户：　　　　　　　　编制人：　　　　　　日期：　　　　　　索引号：

截止日期：　　　　　　复核人：　　　　　　日期：　　　　　　页次：

一、审计目标

　　1.确定应收股利是否存在；2.确定应收股利增减变动的记录是否完整；3.确定应收股利年末余额是否正确；4.确定应收股利在会计报表的披露是否恰当。

二、审计程序

审计重点	审计程序	执行情况说明	索引号
	1. 核对应收股利明细账余额与总账、报表余额是否相符。		
	2. 获取或编制应收股利明细表,复核加计数额是否正确。		
	3. 验明应收股利是否已在资产负债表上恰当披露。		

9.3.2　应收股利审定表

应收股利审定表

客户：　　　　　　　　编制人：　　　　　　日期：　　　　　　索引号：

截止日期：　　　　　　复核人：　　　　　　日期：　　　　　　页次：　　　　单位：元

上期末审定数	未审数核对			索引号	调整分录金额 （＋、－）	审定数
	索引号	项目	金额			
		报表数				
		明细账：				

续表

上期末审定数	未审数核对			索引号	调整分录金额（＋、－）	审定数
	索引号	项目	金额			
	合计					

调整分录：

审计结论：

9.4 其他应收款审计工作底稿的编制

9.4.1 其他应收款审计程序表

其他应收款审计程序表

客户：　　　　　　　　编制人：　　　　　　日期：　　　　　　索引号：
截止日期：　　　　　　复核人：　　　　　　日期：　　　　　　页次：

一、审计目标

1. 确定其他应收款是否存在；2. 确定其他应收款是否归被审计单位所有；3. 确定其他应收款增减变动的记录是否完整；4. 确定其他应收款是否可收回；5. 确定其他应收款年末余额是否正确；6. 确定其他应收款在会计报表的披露是否恰当。

二、审计程序

审计重点	审计程序	执行情况说明	索引号
	1. 核对其他应收款明细账余额与总账、报表余额是否相符。		
	2. 获取或编制其他应收款明细表，复核加计数额是否正确，并标明截至审计日未收回的项目。		
	3. 选择金额较大和异常的项目签发询证函，检查原始凭证，并注意有无利用其他应收款转移资金的情况。		
	4. 对发出询证函未能收回的，采用替代程序，查核上一报告期明细账或追踪其他应收款发生时的付款凭证。		
	5. 对于长期未能收回的项目，应查明原因，确定是否可能发生坏账损失。		
	6. 审查转作坏账损失的项目，是否符合规定并办妥审批手续。		
	7. 分析明细账余额，对于出现贷方余额的项目，应查明原因，必要时作重分类调整。		
	8. 验明其他应收款是否已在资产负债表上恰当披露。		

9.4.2　其他应收款审定表

其他应收款审定表

客户：　　　　　　　　编制人：　　　　　　　日期：　　　　　索引号：

截止日期：　　　　　　复核人：　　　　　　　日期：　　　　　页次：　　　　　单位：元

上期末审定数	未审数核对			索引号	调整分录金额 （＋、－）	审定数
	索引号	项目	金额			
		报表数				
		明细账：				
	合计					

重分类分录：

调整分录：

审计结论：

9.5 长期股权投资审计工作底稿的编制

9.5.1 长期股权投资审计程序表

长期股权投资审计程序表

客户：   编制人：   日期：   索引号：

截止日期：   复核人：   日期：   页次：

一、审计目标

    1.确定长期股权投资是否存在；2.确定长期股权投资是否归被审计单位所有；3.确定长期股权投资的增减变动及其收益（或损失）的记录是否完整；4.确定长期股权投资的计价方法（成本法或权益法）是否正确；5.确定长期股权投资年末余额是否正确；6.确定长期股权投资在会计报表的披露是否恰当。

二、审计程序

审计重点	审计程序	执行情况说明	索引号
	1. 获取或编制长期股权投资明细表（按股票投资、债券投资、其他投资分别列示），复核加计数额是否正确，并与明细账和总账的余额核对相符。		
	2. 检查长期股权投资入账基础是否符合投资合同、协议的规定，会计处理是否正确。重大投资项目，应查阅董事会有关决议和有价证券备查簿并取证。		
	3. 检查投资收益、应收股利和应计利息是否按规定恰当地进行了核算。		
	4. 检查报告期内长期股权投资增减变动的原始凭证，并追索其变动的原因及授权批准手续。		
	5. 检查长期股权投资的核算是否按规定采用权益法或成本法。对于采用权益法的，应获取被投资单位业经注册会计师审计的年度会计报表，如果未经注册会计师审计，则应考虑对被投资单位的会计报表实施适当的审计或审阅程序。		
	6. 检查长期股权投资与短期投资在分类上相互划转的会计处理是否正确。		
	7. 了解股票、债券在资产负债表日的市值，并作出详细记录；当市值与成本存在着显著差异时，应提请被审计单位作恰当披露。		
	8. 检查对外长期股权投资是否超过被审计单位净资产的50%，若超过，应提请被审计单位进行恰当披露。		
	9. 验明长期股权投资是否已在资产负债表上恰当披露。		

9.5.2　长期股权投资审定表

长期股权投资审定表

客户：　　　　　　　　　　　　　　　编制人：　　　　　　日期：　　　　　　索引号：
截止日期：　　　　　　　　　　　　　复核人：　　　　　　日期：　　　　　　页次：

单位：元

投资项目	投资类型	投资比例	原始投资	对方单位资本	核算方法	未审数				调整数		审定数		
						上期末审定数	本期增加	本期减少	期末余额	本期增加	本期减少	本期增加	本期减少	期末余额
						①	②	③	④=①+②-③	⑤	⑥	⑦=②+⑤	⑧=③+⑥	⑨=①+⑦-⑧
合计														

调整分录：

审计说明：

审计结论：

9.6 长期股权投资减值准备审计工作底稿的编制

9.6.1 长期股权投资减值准备审计程序表

长期股权投资减值准备审计程序表

客户： 编制人： 日期： 索引号：

截止日期： 复核人： 日期： 页次：

一、审计目标

　　1.长期股权投资减值准备的计提是否恰当；2.确定长期股权投资减值准备增减变动的记录是否完整；3.确定长期股权投资减值准备年末余额是否正确；4.确定长期股权投资减值准备在会计报表上的披露是否恰当。

二、审计程序

审计重点	审计程序	执行情况说明	索引号
	1. 核对长期股权投资减值准备明细账与总账、报表的余额是否相符。		
	2. 检查报告期内长期股权投资减值损失的原因,有无授权批准,有无已作减值损失处理后又收回的账款。		
	3. 验明长期股权投资减值准备是否已在资产负债表上恰当披露。		

9.6.2 长期股权投资减值准备审定表

长期股权投资减值准备审定表

客户： 编制人： 日期： 索引号：

截止日期： 复核人： 日期： 页次：

序号	项目	上期末审定数	成本价	市场价	预计损失	已提减值损失	应调整减值损失	审定数	审计说明

续表

序号	项目	上期末审定数	成本价	市场价	预计损失	已提减值损失	应调整减值损失	审定数	审计说明
合计									

调整分录：

审计结论：

9.7　无形资产审计工作底稿的编制

9.7.1　无形资产审计程序表

无形资产审计程序表

客户：　　　　　　　　编制人：　　　　　　日期：　　　　　　索引号：

截止日期：　　　　　　复核人：　　　　　　日期：　　　　　　页次：

一、审计目标

　　1.确定无形资产是否存在；2.确定无形资产是否归被审计单位所有；3.确定无形资产增减变动及其摊销的记录是否完整；4.确定无形资产的摊销政策是否恰当；5.确定无形资产的年末余额是否正确；6.确定无形资产在会计报表上的披露是否恰当。

二、审计程序

审计重点	审计程序	执行情况说明	索引号
	1. 获取或编制无形资产明细表,复核加计数是否正确,并与明细账和总账余额核对相符。		
	2. 获取有关文件、资料,检查无形资产的构成内容和计价依据。		
	3. 检查以接受投资或购入方式取得的无形资产的价值是否分别与验资报告及资产评估结果确认书或合同协议等证明文件一致;检查取得无形资产的法律程序是否完备。		
	4. 检查无形资产的摊销方法,复核计算无形资产的摊销及其会计处理是否正确。		
	5. 验明无形资产是否已在资产负债表恰当披露。		

9.7.2　无形资产审计审定表

客户：　　　　　　　　　　　　　　　　编制人：　　　　　　　　　　日期：　　　　　　　　索引号：

截止日期：　　　　　　　　　　　　　　复核人：　　　　　　　　　　日期：　　　　　　　　页次：

无形资产审定表

单位：元

无形资产种类	原始账价值	开始使用时间	上期末审定数 ①	未审数			调整数		审定数			累计已摊金额	摊销年限	剩余摊销年限	检查情况
				本期增加 ②	本期摊销 ③	期末余额 ④=①+②-③	本期增加 ⑤	本期摊销 ⑥	本期增加 ⑦=②+⑤	本期摊销 ⑧=③+⑥	期末余额 ⑨=①+⑦-⑧				
合计															

审计调整：

审计结论：

9.7.3　无形资产减值准备审计审核表

无形资产减值准备审定表

客户：　　　　　　　编制人：　　　　　　　　　日　期：　　　　　　索引号：

截止日期：　　　　　复核人：　　　　　　　　　日　期：　　　　　　页次：　　　单位：元

序号	项目	上期末审定数	成本价	市场价	预计损失	已提减值损失	应调整减值损失	审定数	审计说明
合计									

调整分录：

审计结论：

9.8　长期借款审计工作底稿的编制

9.8.1　长期借款审计程序表

长期借款审计程序表

客户：　　　　　　　编制人：　　　　　　　日　期：　　　　　　索引号：

截止日期：　　　　　复核人：　　　　　　　日　期：　　　　　　页次：

一、审计目标

　　1.确定长期借款借入、偿还及计息的记录是否完整；2.确定长期借款年末余额是否正确；3.确定长期借款在会计报表上的披露是否充分。

二、审计程序

审计重点	审计程序	执行情况说明	索引号
	1. 获取或编制长期借款，复核其加计数是否正确，并与明细账、总账和报表的余额核对一致。		

审计重点	审计程序	执行情况说明	索引号
	2. 对报告期内增加的长期借款,检查借款合和授权批准,了解借款数额、借款条件、借款日期、还款期限、借款利率,并与相关会计记录进行核对。		
	3. 向银行或其他债权人函证重大的长期借款。		
	4. 对报告期内减少的长期借款,检查相关会计记录和原始凭证,核实还款数额。		
	5. 检查期末有无到期未偿还的借款,逾期借款是否办理了延期手续;一年内以期的长期借款是否已转列流动负债。		
	6. 复核已计借款利息是否正确,如有计利息应做出记录,必要时进行适当调整,长期借款利息资本化的会计处理是否正确。		
	7. 检查非记账本位币采用的折算汇率,折算差额是否按规定进行会计处理。		
	8. 验明长期借款是否已在资产负债表上充分披露。		

9.8.2　长期借款审定表

长期借款审定表

客户：　　　　　　　编制人：　　　　　日期：　　　　　　索引号：
截止日期：　　　　　复核人：　　　　　日期：　　　　　　页次：

贷款银行	账号	币种	年利率	借款条件	抵押物	起讫日期	借款合同是否提供(√)	上期末审定数	未审数	调整数	审定数	审计说明
			合计									

审计调整：

审计结论：

9.9　短期借款审计工作底稿的编制

9.9.1　短期借款审计程序表

短期借款审计程序表

客户：　　　　　　　　编制人：　　　　　日期：　　　　　索引号：

截止日期：　　　　　　复核人：　　　　　日期：　　　　　页次：

一、审计目标

　　1.确定短期借款借入、偿还及计息的记录是否完整；2.确定短期借款的年末余额是否正确；3.确定短期借款在会计报表上的披露是否充分。

二、审计程序

审计重点	审计程序	执行情况说明	索引号
	1. 获取或编制短期借款明细表，复核加计数是否正确，并与明细账、总账和报表核对相符。		
	2. 向银行或其他债权人函证重大的短期借款。		
	3. 对报告期内增加的短期借款，检查借款合同和授权批准，了解借款数额、借款条件、借款日期、还款期限、借款利率，并与相关会计记录进行核对。		
	4. 对报告期内减少的短期借款，检查相关会计记录和原始凭证，核实还款数额。		
	5. 检查期末有无到期未偿还的借款，逾期借款是否办理了延期手续。		
	6. 复核已计借款利息是否正确，如有未计利息应作出记录，必要时进行适当调整。		
	7. 检查非记账本位币折合记账本位币采用的折算汇率、折算差额是否按规定进行会计处理。		
	8. 验明短期借款是否已在资产负债表上充分披露。		

9.9.2 短期借款审计审定表

短期借款审定表

客户： 编制人： 日期： 索引号：

截止日期： 复核人： 日期： 页次： 单位：元

贷款银行	上期末审定数	利率%	借款条件	抵押物	起讫日期	本期增加	本期减少	未审数	调整数	审定数	有无借款合同(√)	支付利息已核对(√)	审计说明
合计													

审计调整：

审计结论：

9.10 预计负债审计工作底稿的编制

9.10.1 预计负债审计程序表

预计负债审计程序表

客户： 编制人： 日期： 索引号：

截止日期： 复核人： 日期： 页次：

一、审计目标

　　1.确定预计负债的发生及偿还记录是否完整；2.确定预计负债的年末余额是否正确；3.确定预计负债在会计报表上的披露是否充分。

二、审计程序

审计重点	审计程序	执行情况说明	索引号
	1. 获取或编制预计负债明细表,复核其加计数是否正确,并与明细账、总账和报表核对相符。		

审计重点	审计程序	执行情况说明	索引号
	2. 验明预计负债是否已在资产负债表上充分披露。		

9.10.2　预计负债审计审定表

预计负债审定表

客户：　　　　　　　　编制人：　　　　　　　日期：　　　　　　　索引号：

截止日期：　　　　　　复核人：　　　　　　　日期：　　　　　　　页次：

上期末审定数	未审数核对			索引号	调整分录金额（＋、－）	审定数
	索引号	项目	金额			
		报表数				
		明细账：				
		合计				

调整分录：

审计结论：

9.11 应付债券审计工作底稿的编制

9.11.1 应付债券审计程序表

应付债券审计程序表

客户：   编制人：   日期：   索引号：

截止日期：   复核人：   日期：   页次：

一、审计目标

    1.确定应付债券的发生及偿还记录是否完整；2.确定应付债券的年末余额是否正确；3.确定应付债券在会计报表上的披露是否充分。

二、审计程序

审计重点	审计程序	执行情况说明	索引号
	1. 获取或编制应付债券明细表，复核其加计数是否正确，并与明细账、总账和报表核对相符。		
	2. 检查相关的法律性文件以及代理协议等。		
	3. 计算应计利息是否正确及账务处理是否符合资金用途。		
	4. 验明应付债券是否已在资产负债表上充分披露。		

9.11.2 应付债券审计审定表

应付债券审定表

客户：   编制人：   日期：   索引号：

截止日期：   复核人：   日期：   页次：

上期末审定数	未审数核对			索引号	调整分录金额（＋、－）	审定数
	索引号	项目	金额			
		报表数				
		明细账：				

续表

上期末 审定数	未审数核对			索引号	调整分录金额 （＋、－）	审定数
	索引号	项目	金额			
		合计				

调整分录：

审计结论：

9.12　实收资本审计工作底稿的编制

9.12.1　实收资本审计程序表

股本（实收资本）审计程序表

客户：　　　　　　　　编制人：　　　　　　日期：　　　　　　　索引号：

截止日期：　　　　　　复核人：　　　　　　日期：　　　　　　　页次：

一、审计目标

　　1.确定股本（实收资本）的增减变动是否符合法律、法规和合同、章程的规定，记录是否完整；2.确定股本（实收资本）年末余额是否正确；3.确定股本（实收资本）在会计报表上的披露是否恰当。

二、审计程序

审计重点	审计程序	执行情况说明	索引号
	1. 检查投资者是否已按合同、协议、章程约定时间足额缴付出资额，其出资额是否业经中国注册会计师验证；已验资者，应查阅验资报告。		
	2. 以外币出资的，检查其股本（实收资本）折算汇率是否符合规定，折算差额的会计处理是否正确。		
	3. 检查股本（实收资本）增减变动的原因，查阅其是否与董事会议纪要、补充合同、协议及有关法律性文件的规定一致。		
	4. 验明股本（实收资本）是否已在资产负债表上恰当披露。		

9.12.2　实收资本审计审定表

股本（实收资本）审定表

客户：　　　　　　　　　编制人：　　　　　　日期：　　　　　　　索引号：

截止日期：　　　　　　　复核人：　　　　　　日期：　　　　　　　页次：

股权类别或投资者名称	属性	上期末审定数	本期增加	增加原因	本期减少	减少原因	是否验资	未审数	调整数	审定数	备注
合计											

调整分录：

审计结论：

9.13　资本公积审计工作底稿的编制

9.13.1　资本公积审计程序表

资本公积审计程序表

客户：　　　　　　　　　编制人：　　　　　　日期：　　　　　　　索引号：

截止日期：　　　　　　　复核人：　　　　　　日期：　　　　　　　页次：

一、审计目标

　　1.确定资本公积的增减变动是否符合法律、法规和合同、章程的规定,记录是否完整；2.确定资本公积年末余额是否正确；3.确定资本公积在会计报表上的披露是否恰当。

二、审计程序

审计重点	审计程序	执行情况说明	索引号
	1. 检查资本公积增减变动的内容及其依据,并查阅相关会计记录和原始凭证,以确认其增减变动的合法性和正确性。		
	2. 资本折算差额的会计处理是否正确。		

审计重点	审计程序	执行情况说明	索引号
	3. 验证接受的实物捐赠是否按同类资产的市场价格或根据所提供的有关凭据所确定的价值入账。		
	4. 验证对财产价值进行重估产生的增值是否经国有资产管理部门等机构确认,其会计处理是否正确。		
	5. 验证资本公积转增股本(实收资本)是否经授权批准。		
	6. 验明资本公积是否已在资产负债表上恰当披露。		

9.13.2　资本公积审计审定表

资本公积审定表

客户：　　　　　编制人：　　　　　日期：　　　　　索引号：

截止日期：　　　复核人：　　　　　日期：　　　　　页次：　　　　　　　单位:元

明细项目	上期末审定数	本期增加		本期减少		未审数	调整数	审定数	备注
		原因	金额	原因	金额				
股本溢价									
接受捐赠非现金资产准备									
接受现金捐赠									
股权投资准备									
拨款转入									
外币资本折算差额									
其他									
合计									

调整分录：

审计说明：

审计结论：

9.14 盈余公积审计工作底稿的编制

9.14.1 盈余公积审计程序表

盈余公积审计程序表

客户：　　　　　　　　编制人：　　　　　　日期：　　　　　　索引号：

截止日期：　　　　　　复核人：　　　　　　日期：　　　　　　页次：

一、审计目标

　　1.确定盈余公积的增减变动是否符合法律、法规和合、章程的规定，记录是否完整；2.确定盈余公积年末余额是否正确；3.确定盈余公积在会计报表上的披露是否恰当。

二、审计程序

审计重点	审计程序	执行情况说明	索引号
	1. 获取或编制盈余公积明细表,分别列示法定盈余公积、任意盈余公积和法定公益金,并与明细账和总账、报表的余额核对相符。		
	2. 对盈余公积各明细项目的发生额,逐项审查其原始凭证。		
	3. 检查盈余公积各明细项目的提取比例是否符合有关规定。		
	4. 检查盈余公积减少数是否符合有关规定,会计处理是否正确。		
	5. 检查动用公益金兴建集体福利设施是否按规定冲减公益金并相应增加盈余公积金,注意有无将公益金用于费用性支出情况。		
	6. 验明盈余公积是否已在资产负债表上恰当披露。		

9.14.2 盈余公积审计审定表

盈余公积审定表

客户：　　　　　　　　编制人：　　　　　　日期：　　　　　　索引号：

截止日期：　　　　　　复核人：　　　　　　日期：　　　　　　页次：　　　　　　单位：元

明细项目	上期末审定数	本期增加				本期减少				未审数	调整数		审定数	备注
		利润提取	公益金转入	其他	小计	转增股本	弥补亏损	分配股利	小计		索引号	金额		
法定盈余公积														
任意盈余公积														
法定公益金														
储备基金														
企业发展基金														

续表

明细项目	上期末审定数	本期增加				本期减少				未审数	调整数		审定数	备注
		利润提取	公益金转入	其他	小计	转增股本	弥补亏损	分配股利	小计		索引号	金额		
合计														

调整分录：

审计说明：

审计结论：

9.15　未分配利润审计工作底稿的编制

9.15.1　未分配利润审计程序表

未分配利润审计程序表

客户：　　　　　　　编制人：　　　　日期：　　　　　　索引号：
截止日期：　　　　　复核人：　　　　日期：　　　　　　页次：

一、审计目标

　　1.确定未分配利润增减变动的记录是否完整；2.确定盈余公积年末余额是否正确；3.确定盈余公积在会计报表上的披露是否恰当。

二、审计程序

审计重点	审计程序	执行情况说明	索引号
	1. 检查利润分配比例是否符合合同、协议、章程以及董事会会议纪要的规定,利润分配数额是否正确。		
	2. 根据审计结果调整本年损益数,直接增加或减少未分配利润,确定调整后的未分配利润数。		
	3. 验明未分配利润是否已在资产负债表上恰当披露。		

9.15.2　未分配利润审计审定表

未分配利润审定表

客户：　　　　　编制人：　　　　　日期：　　　　　索引号：

截止日期：　　　　复核人：　　　　　日期：　　　　　页次：　　　　　单位：元

上期末审定数	索引号	项　　目	金额	索引号	未审数	调整分录金额（＋、－）	审定数
		本年净利润					
		加：年初未分配利润					
		其他转入					
		减：提取法定盈余公积					
		提取法定公益金					
		提取储备基金					
		提取企业发展基金					
		提取职工奖励及福利基金					
		利润归还投资					
		可供投资者分配的利润					
		减：应付优先股股利					
		提取任意盈余公积					
		应付普通股股利					
		转作资本（或股本）的普通股股利					
		年末未分配利润					

调整分录：

审计说明：

审计结论：

9.16　财务费用审计工作底稿的编制

9.16.1　财务费用审计程序表

财务费用审计程序表

客户：	编制人：	日期：	索引号：
截止日期：	复核人：	日期：	页次：

一、审计目标

　　1.确定财务费用的记录是否完整；2.确定财务费用的计算是否正确；3.确定财务费用在会计报表上的披露是否恰当。

二、审计程序

审计重点	审计程序	执行情况说明	索引号
	1. 获取或编制财务费用明细表,检查其明细项目的设置是否符合规定的核算内容与范围,并与明细账和总账、报表的金额核对相符。		
	2. 将本报告期财务费用与上一期的财务费用进行比较,并将本报告期各个月份的财务费用进行比较,如有重大波动和异常情况应查明原因。		
	3. 选择重要或异常的财务费用项目,检查其原始凭证是否合法,会计处理是否正确,必要时,对财务费用实施截止日测试,检查有无跨期入账的现象,对于重大跨期项目,应作必要调整。		
	4. 审查汇兑损益明细账,检查汇兑损益计算方法是否正确,核对所用汇率是否正确,对于从筹建期间汇兑损益转入的,应查明其摊销方法在前后期是否保持一致,摊销金额是否正确。		
	5. 验明财务费用是否已在损益表上恰当披露。		

9.16.2　财务费用审计审定表

财务费用审定表

客户：	编制人：	日期：	索引号：	
截止日期：	复核人：	日期：	页次：	单位：元

月份	利息净支出	(利息支出)	(减:利息收入)	汇兑损益	其他	合计	审计说明
1月份							
2月份							
3月份							
4月份							

续表

月份	利息净支出	（利息支出）	（减：利息收入）	汇兑损益	其他	合计	审计说明
5月份							
6月份							
7月份							
8月份							
9月份							
10月份							
11月份							
12月份							
合计							
调整数							
审定数							

审计调整：

审计结论：

9.17　管理费用审计工作底稿的编制

9.17.1　管理费用审计程序表

管理费用审计程序表

客户：　　　　　　　　编制人：　　　　　　日期：　　　　　　索引号：

截止日期：　　　　　　复核人：　　　　　　日期：　　　　　　页次：

一、审计目标

　　1.确定管理费用的记录是否完整；2.确定管理费用的计算是否正确；3.确定管理费用在会计报表上的披露是否恰当。

二、审计程序

审计重点	审计程序	执行情况说明	索引号
	1. 获取或编制管理费用明细表,检查其明细项目的设置是否符合规定的核算内容与范围,并与明细账和总账、报表的金额核对相符。		
	2. 将本报告期管理费用与上一期的管理费用进行比较,并将本报告期各个月份的管理费用进行比较,如有重大波动和异常情况应查明原因。		

审计重点	审计程序	执行情况说明	索引号
	3. 选择重要或异常的管理费用项目,检查其原始凭证是否合法,会计处理是否正确,必要时,对管理费用实施截止日测试,检查有无跨期入账的现象,对于重大跨期项目,应作必要调整。		
	4. 验明管理费用是否已在损益表上恰当披露。		

9.17.2　管理费用审计审定表

管理费用审定表

客户:　　　　　编制人:　　　　　日期:　　　　　索引号:

截止日期:　　　复核人:　　　　　日期:　　　　　页次:

索引号	项　目	未审数	调整数	审定数	审计说明
1					
2					
3					
4					
5					
6					
7					
8					
9					
10					
11					
12					
13					
14					
15					
16					
	合　计				

审计调整:

审计结论:

9.18   投资收益审计工作底稿的编制

9.18.1   投资收益审计程序表

投资收益审计程序表

客户：　　　　　　　　编制人：　　　　　　　日期：　　　　　　　索引号：

截止日期：　　　　　　复核人：　　　　　　　日期：　　　　　　　页次：

一、审计目标

　　1.确定投资收益的记录是否完整；2.确定投资收益的计算是否正确；3.确定投资收益在会计报表上的披露是否恰当。

二、审计程序

审计重点	审计程序	执行情况说明	索引号
	1. 获取或编制投资收益明细表，并与明细账和总账、报表的金额核对相符。		
	2. 检查投资收益的会计凭证，并同金融资产投资、长期股权投资的审计结合起来，验证确定投资收益的计算依据是否充分，投资收益的期间归属是否混淆，成本法和权益法的使用是否适当。		
	3. 验明投资收益是否已在损益表上恰当披露。		

9.18.2   投资收益审计审定表

投资收益审定表

客户：　　　　　　　　编制人：　　　　　　　日期：　　　　　　　索引号：

截止日期：　　　　　　复核人：　　　　　　　日期：　　　　　　　页次：

项目内容	未审数	调整数	审定数	审计说明
一、金融资产投资收益				
1. 股票投资收益				
2. 债券投资收益				
3. 基金投资收益				
二、长期股权投资收益				
1. 股票投资收益				
2. 其他股权投资收益				
①				
②				
③				
④				
⑤				

续表

项目内容	未审数	调整数	审定数	审计说明
三、长期投资减值准备				
四、委托贷款减值准备				
合　　计				

审计调整：

审计结论：

9.19　营业外收支审计工作底稿的编制

9.19.1　营业外收支审计程序表

营业外收支审计程序表

客户：　　　　　　　　编制人：　　　　　　日期：　　　　　　　　索引号：

截止日期：　　　　　　复核人：　　　　　　日期：　　　　　　　　页次：

一、审计目标

　　1. 确定营业外收支的记录是否完整；2. 确定营业外收支的计算是否正确；3. 确定营业收支在会计报表上的披露是否恰当。

二、审计程序

审计重点	审计程序	执行情况说明	索引号
	1. 获取或编制营业外收支明细表,并与明细账和总账、报表的金额核对相符。		
	2. 抽查大额营业外收支,检查原始凭证是否齐全,有无授权批准,会计处理是否正确。		
	3. 验明其营业外收支是否已在损益表上恰当披露。		

9.19.2 营业外收支审计审定表

营业外收支审定表

客户：　　　　　　　　　编制人：　　　　　　日期：　　　　　　索引号：

截止日期：　　　　　　　复核人：　　　　　　日期：　　　　　　页次：　单位：元

未审数核对			索引号	调整分录金额（＋、－）	审定数
索引号	项　目	金额			
	营业外收入合计				
	明细账：				
	固定资产盘盈				
	处置废品资产净收益				
	非货币性交易收益				
	出售无形资产收益				
	罚款净收入				
	营业外支出合计				
	明细账：				
	固定资产盘亏				
	处置固定资产净损失				
	出信无形资产损失				
	债务重组损失				
	固定资产减值准备				
	无形资产减值准备				
	在建工程减值准备				
	罚款支出				
	下岗工人工资				
	赔偿损失				

审计说明：

审计调整：

审计结论：

9.20　实 训 活 动

活动要求

- 金融资产投资审计实训
- 应收股利审计实训
- 无形资产审计实训

活动内容

【训练 1】　金融资产投资审计实训

下图是福利服装公司持有到期投资的明细账目如下，审计人员发现，该公司 2022 年 7 月平价购入国债，票面价值 35 000 元，票面利率 12%，发行日期为 2022 年 1 月 1 日，该公司将 35 000 元全部作为投资成本入账，审计人员建议调整。

审计人员发现，该公司 2022 年 9 月购买 A 股票 20 000 元，作为以公允价值计量且其变动计入当期损益的金融资产的初始计量，但未作会计处理，审计人员建议调整。

明 细 分 类 账

账 号		总页码	
页 次			

账户名称　债权投资　　　　　　　　　　国库券

18 年		凭证编号	摘　要	借　方	√	贷　方	√	借或贷	余　额	核　对
月	日			亿千百十万千百十元角分		亿千百十万千百十元角分			亿千百十万千百十元角分	
7	8	银付19	购入2022年第二期国债					借	3 5 0 0 0 0 0	

【训练 2】　应收股利审计实训

审计人员发现，该公司购买国债中包含已宣告但尚未领取的 1 月至 6 月的利息，未计入"应收利息",而是全部计入"短期投资"成本,另外,收到 A 股票分配的股利 1 000元,该公司未作会计处理,审计人员建议调整。

【训练3】 无形资产审计实训

以下是企业无形资产的明细账,审计人员发现,该公司 2022 年 7 月 1 日从当地政府购入一块土地的使用权,以银行存款支付价款 120 万元,使用年限为 30 年,该公司未进行会计处理,建议调整。另外,该公司 9 月购入一项专利,价款为 20 万元,该公司未进行会计处理,建议调整。

明 细 分 类 账

账 号		总页码	
页 次			

账户名称　无形资产　　　　　　　　专利技术

2018 年		凭证编号	摘　要	借　方	√	贷　方	√	借或贷	余　额	核　对
月	日			亿千百十万千百十元角分		亿千百十万千百十元角分			亿千百十万千百十元角分	
			上年结转					借	4 0 0 0 0 0 0	
10	25	银收27	转让			4 0 0 0 0 0 0		平		

活动评价

【训练1】 金融资产投资债券投资审计实训

债权投资审定表

客户:　　　　　　编制人:　　　　　　日期:　　　　　　索引号:

截止日期:　　　　　复核人:　　　　　　日期:　　　　　　页次:

上期末审定数	未审数核对			索引号	调整分录金额（＋、－）	审定数
	索引号	项目	金额			
		报表数	35 000			
		明细账:				

续表

上期末审定数	未审数核对			索引号	调整分录金额（＋、－）	审定数
	索引号	项目	金额			
		成本	35 000		－2 100	32 900
		合计	35 000		－2 100	32 900

调整分录：借：应收利息　　　　　　　2 100
　　　　　　贷：债券投资——成本　　　　2 100

审计说明：审计人员发现，该公司 2022 年 7 月平均购入国债，票面价值 35 000 元，票面利率 12%，发行日期为 2010 年 1 月 1 日，该公司将 35 000 元全部作为投资成本入账，审计人员建议调整，将 1 月至 6 月的利息转入应计利息。

审计结论：经审计，债权投资余额应是 32 900 元，被审计单位账面数额是 35 000 元，注册会计师建议调减 2 100 元，经调整后金额可以确认。

交易性金融资产投资审定表

客户：　　　　　　　　　编制人：　　　　　　日期：　　　　　　　　索引号：
截止日期：　　　　　　　复核人：　　　　　　日期：　　　　　　　　页次：

上期末审定数	未审数核对			索引号	调整分录金额（＋、－）	审定数
	索引号	项目	金额			
		报表数	0			
		明细账：				
		成本			20 000	20 000
		合计	0		20 000	20 000

调整分录：借：交易性金融资产　　　20 000
　　　　　　贷：银行存款　　　　　　　20 000

审计说明：审计人员发现，该公司 2022 年 9 月购买 A 股票 20 000 元，作为交易性金融资产处理，但未作会计处理，审计人员建议调整。

审计结论：经审计，交易性金融资产余额应是 20 000 元，被审计单位账面余额是 0，注册会计师建议调增 20 000 元，经调整后金额可以确认。

【训练2】 应收股利审计实训

应收股利审定表

客户：　　　　　　编制人：　　　　　日期：　　　　　索引号：
截止日期：　　　　复核人：　　　　　日期：　　　　　页次：

上期末审定数	未审数核对			索引号	调整分录金额（＋、－）	审定数
	索引号	项目	金额			
		报表数	0			
		明细账：				
		股票	0		1 000	1 000
		合计	0		1 000	1 000

调整分录：1. 借：应收股利　　　　　1 000
　　　　　　　贷：股资收益　　　　　　　　1 000
　　　　　2. 借：银行存款　　　　　1 000
　　　　　　　贷：应收股利　　　　　　　　1 000

审计说明：审计人员发现，收到 A 股票分配的股利 1 000 元，该公司未作会计处理，审计人员建议调整。

审计结论：通过审计，注册会计师应审定的应收股利为 1 000 元，而公司提供的账面金额为 0，所以应调增应收股利金额为 1 000 元，经调整，金额可以确认。

本 章 小 结

本章的主要内容是要求学生掌握筹资与投资有关内部控制工作底稿的编制及掌握筹资与投资循环有关重要账户的实质性测试。实训内容包括以下内容：第一，编制与筹资、投资循环有关的控制测试程序表、调查问卷和测试表；第二，编制金融资产投资、应收股息、其他应收款、长期股权投资、长期股权投资减值准备、无形资产及减值准备、长期借款、短期借款、预计负债、应付债券、实收资本、资本公积、盈余公积、未分配利润、财务费用、管理费用、投资收益、营业外收支等项目的审计程序表和审定表。

思　考　题

1. 筹资和投资内部控制的了解和评价包括哪些内容。
2. 金融资产投资审计包括哪些内容？
3. 长期股权投资审计实务包括哪些内容？
4. 无形资产及减值准备审计包括哪些内容？
5. 筹资循环审计实务包括哪些项目的审计？

第 10 章

货币资金审计工作底稿的编制实训

学习目标

- 掌握货币资金内部控制测试工作底稿的编制
- 掌握货币资金审计工作底稿的编制

10.1 货币资金内部控制测试工作底稿的编制

10.1.1 货币资金内部控制测试程序表

货币资金控制测试程序表

被审计单位：

审计项目：　　　　　编制：　　　　　　　日期：　　　　　索引号：

截止日期：　　　　　复核：　　　　　　　日期：　　　　　页　次：

	执行情况说明	索引号
1. 选择(　　)张现金、银行存款凭证,做如下检查:		
1.1 将收款凭证与存入银行账户的日期和金额核对;		
1.2 追查过入现金、银行存款日记账的数字是否正确;		
1.3 将收款凭证与银行对账单核对;		
1.4 将收款凭证与应收账款等其他科目明细账核对;		
1.5 将收款凭证与付款单位的户名核对;		
1.6 将实收金额与销售发票或其他原始单据核对。		
2. 选择(　　)张现金、银行存款付款凭证,做如下检查:		
2.1 检查付款的授权批准手续;		
2.2 追查过入现金、银行存款日记账的数字是否正确;		
2.3 检查现金支付的内容是否符合相关规定;		
2.4 将付款凭证与银行对账单核对;		
2.5 将付款凭证与应付账款等其他科目明细账核对;		
2.6 将实付金额与购货发票或其他原始单据核对。		
3. 选择 2 个月的现金、银行存款日记账与总账核对。		

续表

调查问题	执行情况说明	索引号
4. 选择 2 个月的银行存款调节表,查验其是否按月及时、正确编制并经复核。		
5. 检查现金、银行存款、其他货币资金记账汇率是否符合有关规定,并与上期一致。		
6. 内部会计控制评估。		

10.1.2　货币资金内部控制调查问卷

货币资金内部测试调查问卷

被审计单位:

审计项目:　　　　　编制:　　　　　　　　日期:　　　　　　索引号:

截止日期:　　　　　复核:　　　　　　　　日期:　　　　　　页　次:

调查问题	答案			
	是	弱	否	不使用
一、现金管理				
1. 经办人员办理有关现金业务是否得到批准;				
2. 经办人员是否在现金收支原始凭证上签字;				
3. 业务部门负责人是否审签现金收支原始凭证;				
4. 收款记账凭证和付款记账凭证是否连续编号;				
5. 作废的收款收据是否加盖"作废"戳记;				
6. 付款凭证是否经过会计主管或指定人员复核;				
7. 出纳员是否根据记账凭证收付现金,并登记日记账;				
8. 出纳员是否在原始凭证上加盖"收讫"戳记;				
9. 现金是否存放在保险柜等安全设施中;				
10. 现金支票、印鉴是否分别有人保管;				
11. 出纳员是否负责凭证编制及账簿登记工作;				
12. 收付凭证、是否经过稽核人员复核;				
13. 全公司所有现金存放点在财务部门的直接控制下;				
14. 分管会计是否根据记账凭证登记相关明细账;				
15. 总账会计科目是否有总账会计登记;				
16. 出纳员是否每日清点库存现金与现金日记账结余额相核对;				
17. 超过库存限额的现金是否当日送存银行;				
18. 现金清点余缺是否报告负责人审批处理;				
19. 月末是否有非记账人员核对现金日记账及有关明细账和总账;				
20. 账务误差是否报经负责人审批调整处理;				
21. 清点小组是否按期盘点库存现金并与现金账核对;				
22. 现金清查余缺是否报经审批后处理;				
23. 收款、记账、稽核、核对职务是否由不同的人员担任。				

续表

调查问题	答案			
	是	弱	否	不使用
二、银行存款管理				
1. 经办人员办理有关银行存款业务是否得到批准;				
2. 经办人员是否在银行存款收支原始凭证上签字;				
3. 业务部门负责人是否审签银行存款收支原始凭证;				
4. 是否采取银行管理方式;				
5. 是否有完整的资产存入、调剂、有偿使用、总体调度的管理制度;				
6. 材料采购、固定资产购置等付款事项是否经验收部门同意;				
7. 会计主管或指定人员是否审签银行存款结算原始凭证;				
8. 转账支票和结算凭证是否连续编号并按顺序使用;				
9. 作废的转账支票是否加盖"作废"戳记;				
10. 收付款项之后是否在原始凭证上加盖"收讫"或"付讫"戳记;				
11. 财务专用章、签发支票印章和财务负责人印章是否分别保管;				
12. 财务部门是否安排专门人员复核记账凭证及所附的结算凭证和原始凭证;				
13. 财务部门是否评价银行存款结算原始凭证;				
14. 出纳员是否根据经过复核的收付记账凭证逐笔登记银行存款日记账;				
15. 会计人员是否根据经过复核的收付记账凭证登记相应明细账;				
16. 银行存款总账科目是否有总账会计登记;				
17. 银行存款是否与银行对账单逐笔核对;				
18. 银行存款余额调节表是否有非出纳员编制并核对;				
19. 月末是否有非记账人员核对银行存款日记账及有关明细账和总账;				
20. 结算、记账、稽核、核对职务是否由不同的人员担任。				
测试结论:				

10.1.3　现金与银行存款收款符合性测试

现金及银行存款收款符合性测试

客户:　　　　　　签名:　　　　　　　　日期:　　　　　　索引号:

项目:　　　　　　编制人:　　　　　　　　　　　　　　　　页次:

会计期间:　　　　复核人:　　　　　　　　　　　　　　　　单位:元

日期	凭证编号	业务内容	对应科目(Dr 或 Cr)	金额	核对内容								备注
					1	2	3	4	5	6	7	8	

续表

日期	凭证编号	业务内容	对应科目 (Dr 或 Cr)	金额	核对内容								备注
					1	2	3	4	5	6	7	8	

核对内容说明：

1. 原始凭证齐全　　　　5.

2. 属于结算往来债权　　6.

3. 经授权批准　　　　　7.

4. 账务处理正确　　　　8.

审计说明

10.1.4　现金和银行存款付款符合性测试

现金及银行存款付款符合性测试

客户：　　　　　　签名：　　　　　　日期：　　　　　　　　索引号：

项目：　　　　　　编制人：　　　　　　　　　　　　　　　　页次：

会计期间：　　　　复核人：　　　　　　　　　　　　　　　　单位：元

日期	凭证编号	业务内容	对应科目 (Dr 或 Cr)	金额	核对内容								备注
					1	2	3	4	5	6	7	8	

核对内容说明：

1. 原始凭证齐全　　　　5.

2. 属于结算往来债权　　6.

3. 经授权批准　　　　　7.

4. 账务处理正确　　　　8.

审计说明

10.2 货币资金审计工作底稿的编制

10.2.1 货币资金审计程序表

货币资金审计程序表

客户：   签名：   日期：   索引号：

项目：   编制人：   页次：

会计期间：   复核人：

一、审计目标

　　1.确定货币资金是否存在；2.确定货币资金的收支记录是否完整；3.确定库存现金、银行存款以及其他货币资金的余额是否正确；4.确定货币资金在会计报表上的披露是否恰当。

二、审计程序

审计重点	审计程序	执行情况说明	索引号
	1. 核对现金日记账、银行存款日记账与总账、报表的余额是否相符。		
	2. 会同被审计单位主管会计人员盘点库存现金，编制"库存现金盘点核对表"，分币种面值列示盘点金额。资产负债表日后进行盘点时，应调整至资产负债表日的金额。盘点金额与现金日记账余额进行核对，如有差异，应查明原因并作出记录或作适当调整。若有充抵库存现金的借条、未提现支票、未作报销的原始凭证需在"盘点表"中注明或作出必要的调整。		
	3. 获取资产负债表日的"银行存款余额调节表"，经调节后的银行存款余额若有差异，应查明原因，作出记录或作适当的调整。		
	4. 检查"银行存款余额调节表"中未达账项的真实性，以及资产负债表日后的进账情况，注意有无长期不予处理的差额。如存在应于资产负债表日前进账的应作相应调整。		
	5. 向所有的银行存款户(含外埠存款、银行汇票存款、银行本票存款)函证期末余额。		
	6. 银行存款中，如有一年以上的定期存款或限定用途的存款，要查明情况，作出记录。		
	7. 抽查大额现金收支、银行存款(含外埠存款、银行汇票存款、银行本票存款)收支的原始凭证内容是否完整，有无授权批准，并核对相关账户的进账情况。如有与委托人生产经营业务无关的收支事项，应查明原因，并作出相应的记录。		
	8. 抽查资产负债表日前后若干天的大额现金、银行存款收支凭证，如有跨期收支事项，应作适当调整。		
	9. 检查非记账本位币折合记账本位币所采用的折算汇率是否正确，折算差额是否已按规定进行会计处理。		
	10. 验明货币资金是否已在资产负债表上恰当披露。		

10.2.2　货币资金审计审定表

货币资金审定表

客户：　　　　　　　　签名：　　　　　　　日期：　　　　　　索引号：
项目：　　　　　　　　编制人：　　　　　　　　　　　　　　　页次：
会计期间：　　　　　　复核人：　　　　　　　　　　　　　　　单位：元

上期末审定数	未审数核对			索引号	调整分录金额 （＋、－）	审定数
	索引号	项目	金额			
		报表数				
		明细账：				
		现金				
		银行存款				
		其他货币资金				
		合计				

调整分录：

审计结论：

10.2.3 库存现金盘点表

客户：
项目：
会计期间：

签名：
编制人：
复核人：

索引号：
页次：

库存现金盘点表

日期：

检查核对记录				
项　目	行次	人民币（元）	美元	元
上一日账面库存余额	①			
盘点日末记账传票收入金额	②			
盘点日末记账传票付出金额	③			
盘点日末记账面应有余额	④=①+②-③			
盘点日实有现金余额	⑤			
盘点日应有现金额与实际金额差异	⑥=④-⑤			
差异原因分析				
追溯至报表账面结存额	报表日至查账日现金付出总额（＋）			
	报表日至查账日现金收入总额（－）			
	报表日库存现金应有余额			
	报表日账面汇率			
	报表日余额折合本位币金额			
本位币合计				
调整	审定数			
调整分录	（1）			
	（2）			

会计主管：　　　　出纳：

库存现金盘点核对表

索引号：
页次：

实有现金盘点记录				
面额（元）	人民币		美元	
	张（枚）数	金额	张（枚）数	金额
合计				

审计结论：

监盘人员：

复核人员：

10.2.4　银行存款余额明细表

客户：
项目：
会计期间：

银行存款余额明细表

签名：　　　　　　　　　　　　　　　索引号：
编制人：　　　　　　　　　　　　　　页次：
复核人：　　　　　　　日期：　　　　单位：元

序号	开户银行	银行账号	币种	期初数			期末数			附证资料提供（√）			调节后余额	备注
				原币	汇率	本位币	原币	汇率	本位币	对账单	调节表	其他		
1														
2														
3														
4														
5														
6														
7														
8														
9														
10														
合计														

审计结论：

调整分录：

10.2.5 银行存款余额调节表

银行存款余额调节表

客户：　　　　　　　　签名：　　　　　　　　日期：　　　　　　　　索引号：

项目：　　　　　　　　编制人：　　　　　　　　　　　　　　　　　　页次：

会计期间：　　　　　　复核人：

币种：　　　　　　　　开户银行：　　　　　　　账号：　　　　　　　单位：元

项　　目	金额	处理意见	项　　目	金额	处理意见
银行对账单余额			企业银行存款日记账余额		
加：企业已收、银行尚未入账金额			加：银行已收、企业尚未入账金额		
其中：　　1.			其中：　　1.		
2.			2.		
3.			3.		
4.			4.		
5.			5.		
减：企业已付、银行尚未入账金额			减：银行已付、企业尚未入账金额		
其中：　　1.			其中：　　1.		
2.			2.		
3.			3.		
4.			4.		
5.			5.		
调整后银行对账单余额			调整后企业银行存款日记账余额		
调整分录：			情况说明：		
经办会计人员（签字）：			会计主管（签字）：		

10.2.6　银行往来询证函

银行往来询证函

致_____：

索引号：

编号_____

　　本公司聘请的上海立信长江会计师事务所有限公司珠海分所正在对本公司会计报表进行审计，按照《中国注册会计师独立审计准则》的要求，应当询证本公司在贵行的存贷款项。下列数额出自本公司账簿记录，如与贵行记录相符，请在本函下端"数额证明无误"处签章证明；如有不符，请在"数据不符及需加说明事项"处详为指正。回函请寄上海立信长江会计师事务所有限公司珠海分所_____注册会计师。

地址：

邮编：

电话：　　　　　　传真：

金额单位：元

1. 存款户　　　　　　　　　　　　　　　　　　　　　截至　　年　月　日

银行账号	账户性质	原币金额	备注

2. 贷款户　　　　　　　　　　　　　　　　　　　　　截至　　年　月　日

贷款性质	贷款金额	担保或抵押	贷款起止日期	利率	备注

_____

（公司印鉴）

数额证明无误　　　　　　　　　　　　数额不符及需加说明事项（详细附后）

签章：　　　　　　　　　　　　　　　签章：

日期：　　　　　　　　　　　　　　　日期：

货币资金内部测试调查问卷

被审计单位：

审计项目： 编制人： 日期： 索引号：

截止日期： 复核人： 日期： 页 次：

调查问题	答案			
	是	弱	否	不使用
一、现金管理				
1. 经办人员办理有关现金业务是否得到批准；				
2. 经办人员是否在现金收支原始凭证上签字；				
3. 业务部门负责人是否审签现金收支原始凭证；				
4. 收款记账凭证和付款记账凭证是否连续编号；				
5. 作废的收款收据是否加盖"作废"戳记；				
6. 付款凭证是否经过会计主管或指定人员复核；				
7. 出纳员是否根据记账凭证收付现金，并登记日记账；				
8. 出纳员是否在原始凭证上加盖"收讫"戳记；				
9. 现金是否存放在保险柜等安全设施中；				
10. 现金支票、印鉴是否分别有人保管；				
11. 出纳员是否负责凭证编制及账簿登记工作；				
12. 收付凭证、是否经过稽核人员复核；				
13. 全公司所有现金存放点在财务部门的直接控制下；				
14. 分管会计是否根据记账凭证登记相关明细账；				
15. 总账会计科目是否有总账会计登记；				
16. 出纳员是否每日清点库存现金与现金日记账结余额相核对；				
17. 超过库存限额的现金是否当日送存银行；				
18. 现金清点余缺是否报告负责人审批处理；				
19. 月末是否有非记账人员核对现金日记账及有关明细账和总账；				
20. 账务误差是否报经负责人审批调整处理；				
21. 清点小组是否按期盘点库存现金并与现金账核对；				
22. 现金清查余缺是否报经审批后处理；				
23. 收款、记账、稽核、核对职务是否由不同的人员担任。				
二、银行存款管理				
1. 经办人员办理有关银行存款业务是否得到批准；				
2. 经办人员是否在银行存款收支原始凭证上签字；				
3. 业务部门负责人是否审签银行存款收支原始凭证；				
4. 是否采取银行管理方式；				
5. 是否有完整的资产存入、调剂、有偿使用、总体调度的管理制度；				
6. 材料采购、固定资产购置等付款事项是否经验收部门同意；				
7. 会计主管或指定人员是否审签银行存款结算原始凭证；				
8. 转账支票和结算凭证是否连续编号并按顺序使用；				
9. 作废的转账支票是否加盖"作废"戳记；				
10. 收付款项之后是否在原始凭证上加盖"收讫"或"付讫"戳记；				
11. 财务专用章、签发支票印章和财务负责人印章是否分别保管；				

续表

调查问题	答案			
	是	弱	否	不使用
12. 财务部门是否安排专门人员复核记账凭证及所附的结算凭证和原始凭证;				
13. 财务部门是否评价银行存款结算原始凭证;				
14. 出纳员是否根据经过复核的收付记账凭证逐笔登记银行存款日记账;				
15. 会计人员是否根据经过复核的收付记账凭证登记相应明细账;				
16. 银行存款总账科目是否有总账会计登记;				
17. 银行存款是否与银行对账单逐笔核对;				
18. 银行存款余额调节表是否有非出纳员编制并核对;				
19. 月末是否有非记账人员核对银行存款日记账及有关明细和总账;				
20. 结算、记账、稽核、核对职务是否由不同的人员担任。				
测试结论:				

10.3　实　训　活　动

活动要求

- 填制库存现金审定表
- 填写银行存款余额调节表

活动内容

【训练 1】　填制库存现金审定表

审计人员实施库存现金盘点程序时,于 2021 年 3 月 19 日下午下班前告诉该公司出纳员,把顺利公司的现金集中起来存入保险柜,在公司出纳员和会计主管参与下,清点了库存现金,本位币为人民币,其中 100 元币值有 110 张,50 元有 120 张,20 元有 8 张,10 元 30 张,5 元 20 张,2 元 4 张,1 元 25 张,请填写库存现金审定表。

【训练 2】　练习银行存款余额调节表

通过检查顺利服装公司银行存款余额调节表,发现:(1)中国工商银行北京分行 376982—1 账号,银行已收企业尚未入账 800 000 元,经查系 12 月 27 日实现销售商品所收到货款,公司于次年 1 月 5 日对此进行收入会计处理;(2)中国工商银行北京分行 376982—1 账号,银行已收企业尚未入账款项 1 800 000 元,经查系收到某企业预付货款;(3)商业银行 389040 账户"银行已付企业尚未入账"款项 900 000 元,经查系为企业预付的设备订货款。请填写银行存款余额调节表。

活动评价

【训练 1】　填制库存现金审定表

库存现金盘点核对表

客户：　　　　　　签名：　　　　　　　　　　　　　索引号：
项目：　　　　　　编制人：　　　　　　　　　　　　页次：
会计期间：　　　　复核人：
　　　　　　　　　日期：

检查核对记录

项目	行次	人民币(元)	美元	元
上一日账面库存余额	①	116 597.72		
盘点日未记账传票收入金额	②			
盘点日未记账传票付出金额	③			20
盘点日库面应有余额	④=①+②-③	116 597.72		
盘点日实有现金余额	⑤	116 593.12		
盘点日应有金额与实际金额差异	⑥=④-⑤	4.6		
差异原因分析				

追溯至报表面结存额			
报表日至查账日现金付出总额(＋)	866 900		
报表日至查账日现金收入总额(－)	870 283.04		
报表日库存现金应有余额	113 210.08		
报表日账面库存余额			
报表日余额折合本币金额			
本位币合计		113 205.48	

实有现金盘点记录

面额(元)	人民币(元) 张(枚)数	金额	其他	美元 张(枚)数	金额
100	1 100	110 000			
50	120	6 000			
8	160				
10	30	300			
5	20	100			
2	4	8			
1	25	25			
其他	2	0.12			
合计		116 593.12			
合计					116 593.12

审计结论：建议调减库存现金4.6元，因不超过重要性水平，不影响审计意见的。如果被审计单位拒绝调减，因出具。

复核人员：

调整：
（1）盘点的库存现金少4.6元，应调减库存现金数量

审定数
（1）盘点的库存现金少4.6元，应调减库存现金4.6元

调整分录：
借：其他应收款　　　4.6
贷：库存现金　　　　　　　4.6

会计主管：　　　　出纳：　　　　　　监盘人员：

【训练2】　练习银行存款余额调节表

银行存款余额调节表

客户：　　　　　　　签名：　　　　　　　　日期：　　　　　索引号：
项目：　　　　　　　编制人：　　　　　　　　　　　　　　　页次：
会计期间：　　　　　复核人：
币种：　　　　　　　开户银行：　　　　　　账号：　　　　　单位：元

项　目	金额	处理意见	项　目	金额	处理意见
银行对账单余额	1 249 748.99		企业银行存款日记账余额	1 169 748.99	
加：企业已收、银行尚未入账金额	0		加：银行已收、企业尚未入账金额	980 000	
其中：　　1.			其中：　　1.	800 000	
2.			2.	180 000	
3.			3.		
4.			4.		
5.			5.		
减：企业已付、银行尚未入账金额	0		减：银行已付、企业尚未入账金额	900 0000	
其中：　　1.			其中：　　1.		
2.			2.		
3.			3.		
4.			4.		
5.			5.		
调整后银行对账单余额	1 249 748.99		调整后企业银行存款日记账余额	1 249 748.99	
调整分录：			情况说明：银行存款通过调整银行对账单与企业银行账款余额一致。		
经办会计人员（签字）：			会计主管（签字）：		

本 章 小 结

　　货币资金审计循环实训包括以下环节：第一,编制货币资金控制测试程序表、问卷调查表和控制测试表；第二,编制库存现金、银行存款审计程序表、审定表、银行存款余额调节表和银行往来询证函。

思 考 题

1. 现金及银行存款的内部控制测试包括哪些内容？

2. 思考库存现金盘点表如何填制？

3. 银行余额调节表如何填写？

4. 银行存款函证应该如何填写？

第 **11** 章

特殊项目审计工作底稿的编制实训

🎯 学习目标

- 掌握期初余额审计工作底稿的编制
- 掌握会计程序估计表的编制
- 掌握债务重组审计程序表编制
- 掌握非货币交易审计程序表的编制
- 掌握关联方及关联方交易审计程序表的编制
- 或有事项审计程序表的编制

11.1 期初余额审计工作底稿的编制

期初余额审计程序表

被审计单位：

审计项目：　　　　　编制人：　　　　　　　　　日期：　　　　　索引号：

截止日期：　　　　　复核人：　　　　　　　　　日期：　　　　　页　次：

	执行情况	索引号
1. 分析被审计单位所选用的会计政策是否恰当,是否一贯通用,如有变更,是否已做适当的处理和充分的披露。		
2. 检查上期期末余额是否正确结转至本期,或者是否已适当地重新表述。		
3. 了解上期会计报表是否经过其他注册会计师的审计。如经审计,应考虑前任注册会计师的专业胜任能力和独立性。必要时,查阅相关审计工作底稿,以获取有关期初余额的审计证据。		
4. 了解上期是否出具了非标准的无保留意见的审计报告,若是,应特别关注其原因,考虑其对本期会计报表的影响。		
5. 评价报表项目期初余额的性质及在本期会计报表中被错报、漏报的风险。		
6. 评价期初余额对本期的影响程度。		
7. 如实施上述程序仍不能获取充分、适当的审计证据,或前期会计报表未经审计,应对期初余额实施以下程序:		

续表

	执行情况	索引号
7.1 询问被审计单位管理当局;		
7.2 审计上期会计记录相关资料;		
7.3 通过对本期会计报表实施的审计程序进行验证;		
7.4 补充实施适当的实质性测试程序。		
8. 初次接受国有企业委托,如前期会计报表未经审计,应获取其管辖财政机构的有关批复。		
9. 结合上述审计结果,形成对期初余额的审计结论,并确定其对本期审计意见类型的影响。		

11.2　会计估计审计程序表的编制

货币资金控制测试程序表

被审计单位:

审计项目:　　　　编制人:　　　　　　　　　日期:　　　　　　索引号:

截止日期:　　　　复核人:　　　　　　　　　日期:　　　　　　页　次:

	执行情况	索引号
1. 向被审计单位管理当局了解其作出会计估计的程序、方法和相关内部控制。		
2. 获取被审计单位提供的会计估计说明,并复核和测试被审计作出会计估计的过程:		
2.1 评价会计估计根据数据的准确性、完整性和相关、假设的合理性和使用的公式的正确性。当会计估计依据的数据是会计数据时,应判断其是否与会计系统的相关数据相一致,必要时,可以考虑从被审计单位外部获取审计证据。		
2.2 测试会计估计的计算过程。		
2.3 如有可能,将以前期间做出的会计估计与实际情况进行比较。		
2.4 考虑被审计单位管理当局对会计估计的批准程序。		
3. 利用独立估计与被审计单位作出的会计估计进行比较,如存在明显差异应查明原因,分析判断该差异是否合理;若不合理,应进行调整。		
4. 复核能够证实会计估计的资产负债表的日后事项。		
5. 查阅相关法规以及被审计单位董事会、管理当局有关会计记录,确定其会计处理是否正确。		
6. 审查与会计估计变更相关的会计记录,确定其会计处理是否正确。		
7. 审查被审计单位是否存在滥用会计估计及其变更的情况,如果存在,审查其是否已作为差错予以调整。		
8. 验明会计估计及其变更的披露是否恰当。		

11.3　债务重组审计程序表的编制

债务重组审计程序表

被审计单位：

| 审计项目： | 编制人： | | 日期： | | 索引号： |
| 截止日期： | 复核人： | | 日期： | | 页　次： |

	执行情况	索引号
1. 取得并审阅股东大会、董事会和管理当局会议纪要等,查明被审计单位在报告期内是否发生债务重组事项。		
2. 检查与债务重组相关的协议、合同、批文、法院裁决文件等,了解债务重组方式和内容。		
3. 对债务重组涉及的资产或负债,需审计评估的,应取得审计报告,资产评估报告及资产评估结果确认文件,检查交易的合法性及金额的正确性。		
4. 必要时,对债务重组所涉及的重要资产或债务,向有关方面发询证函。		
5. 检查与债务重组有关的会计记录,以确定债务重组的会计处理是否正确。关注存在或有支出债务重组方式下,如果已记录的或有支出没有发生,检查有关会计处理是否恰当。		
6. 审查债务重组中发生的增值税、增值税以外的其他税费其资产评估费、运杂费等其他费用的会计处理是否恰当。		
7. 检查有关债务重组信息的披露是否恰当。		

11.4　非货币交易审计程序表的编制

非货币性交易审计程序表

被审计单位：

| 审计项目： | 编制人： | | 日期： | | 索引号： |
| 截止日期： | 复核人： | | 日期： | | 页　次： |

	执行情况	索引号
1. 取得并审阅股东大会、董事会和管理当局会议纪要等,查明被审计单位在报告期内发生非货币交易事项。		
2. 取得非货币交易相关的协议、合同,审核交易的合法性。对于放弃股权已取得股权且不属于企业合并的,还应索取并检查政府有关部门的批准文件;对于交易所涉及资产按规定须经审计、评估的,还应索取并检查审计报告、评估报告及评估结果确认文件。		
3. 检查非货币交易的会计处理是否正确:		
3.1 对于不涉及补价的非货币交易,检查其换入资产的入账价值确定是否正确。		
3.2 对于涉及补价的非货币性交易:		

续表

	执行情况	索引号
3.2.1 支付补价的检查其换入资产的入账价值是否正确；		
3.2.2 收到补价的,检查其换入资产的入账价值和应确认的收益的计算是否符合有关规定。		
3.3 对于同时换入多项资产的,检查计算各项换入资产的入账价值是否正确。		
4. 审查非货币交易中发生的增值税、增值税以外的其他税费其资产评估费、运杂费等其他费用的会计处理是否恰当。		
5. 检查有关非货币交易信息的披露是否恰当。		

11.5 关联方及关联方交易审计程序表的编制

关联方关系及其交易审定表

被审计单位：　　　　　编制人：　　　　　　　　日期：　　　　索引号：
截止日期：　　　　　　复核人：　　　　　　　　日期：　　　　页　次：

关联方关系及其交易	查验过程记录	索引号

11.6　或有事项审计程序表的编制

或有事项审计程序表

被审计单位：

| 审计项目： | 编制人： | | 日期： | 索引号： |
| 截止日期： | 复核人： | | 日期： | 页　次： |

	执行情况	索引号
1. 取得或有事项明细账和预计负债明细表，并与相关记录、明细账和总账核对。		
2. 向管理当局询问在确定评价与控制或有事项方面的有关政策和措施。		
3. 审阅截至审计工作完成日止各次股东大会、董事会纪要及其他重要文件（如合同、借款及担保协议、与银行往来函件、租赁契约、税务局或其他政府机构的相关文件等），确定是否存在未决诉讼、未决索赔、税务纠纷、应收票据贴现、债务担保、产品质量保证等或有事项。		
4. 向被审计单位查询、了解为其他单位的银行借款或其他债务提供的担保事项（性质、金额、时间）以及存在或有损失的可能。		
5. 向被审计单位的法律顾问或律师了解对资产负债表日就已存在的以及之后发生的重大法律诉讼，索取与法律的往来信函及有关发票，估计可能发生的损失。必要时，应要求管理当局向法律顾问或律师寄发询证函，对有关问题进行确认。		
6. 复核上期和被审计单位期间税务机关的税收结算报告，并向管理当局询问是否存在税务纠纷。		
7. 询问有关销售人员并获取被审计单位对产品质量保证方面的记录，确定存在损失的可能性。		
8. 必要时，向银行函证商业票据贴现、应收账款抵押、通融票据背书和其他债务等或有事项。		
9. 检查管理当局估计或有事项的可能结果（包括导致经济利益流出企业的可能性，以及最可能的金额）和影响时所依据的假设。		
10. 必要时，检查或有事项期后不确定性事项的最终结果，并作审计调整。		
11. 需估计入账的，确定预计负债估计是否合理，会计处理是否恰当。		
12. 向管理当局索取关于或有事项的声明书。		
13. 复核现有的审计工作底稿，寻找任何可以说明潜在或有事项的资料。		
14. 验明或有事项的披露是否恰当。		

或有事项审定表

被审计单位：　　　　　　编制人：　　　　　　　　　　日期：　　　　　索引号：

截止日期：　　　　　　　复核人：　　　　　　　　　　日期：　　　　　页　次：

或有事项	查验过程记录	索引号

11.7　期后事项审计程序表的编制

期后事项审计程序表

被审计单位：

审计项目：　　　　　　　编制人：　　　　　　　　　　日期：　　　　　索引号：

截止日期：　　　　　　　复核人：　　　　　　　　　　日期：　　　　　页　次：

	执行情况	索引号
1. 取得并审阅股东大会、董事会和管理当局的会议记录等,查明资产负债表日后发生的对本期会计报表产生重大影响的事项,包括截止日后董事会批准了的利润分配方案,已证实重大资产发生的减损、大额的销售退回、已确定获取或支出的大额赔偿等应予调整事项,以及股票和债权的发行、巨额对外投资、自然灾害导致资产的重大损失,外汇汇率发生较大变动等应予以披露的非调整事项。		
2. 询问管理当局确认期后事项,了解其确认期后事项的程序。		
3. 取得距审计结束日最近的一期会计报表,对财务状况和经营成果进行分析,识别是否存在期后重大事项。		

续表

	执行情况	索引号
3.1 将距审计结束日最近的一期资产负债表与被审计资产负债表进行对比分析,对异常变动情况查明原因,识别是否存在重大期后事项。		
3.2 将距审计结束日最近的一期利润表及利润分配表与上年度利润表及利润分配表进行对比分析,对异常变动情况查明原因,识别是否存在重大期后事项。		
4. 结合应期末账户余额的审计,对予以调整的资产负债表日后事项进行审计,着重查明资产负债表日后的重大购销业务和重大的收付款业务,有无不寻常的转账交易和调整分录。		
5. 审阅被审计单位资产负债表日后编制的会计记录。		
6. 查明非调整期后事项的内容,合理估计其对财务状况、经营成果的影响,或查询、了解无法合理估计其影响的原因。		
7. 检查审计结束日前增资配股(或减资)和债券发行的批准情况,取证并作记录。		
8. 检查审计结束日前企业合并与分立的有关文件,如协议、合同、审计报告、资产评估报告及确认文件、政府批文等,取得并作记录。		
9. 查询了解资产负债表日或查询日已存在的重大财务承诺。		
10. 取得并审阅资产负债表日对外投资的有关文件、协议和原始凭证,并作相应记录。		
11. 结合上述审计结果,形成对期初余额的审计结论,并确定其对本期审计意见类型的影响。		
12. 向管理当局索取关于期后事项的声明书。		
13. 验明期后事项的披露是否恰当。		

11.8　持续经营能力审计程序表的编制

持续经营能力审计程序表

被审计单位:
审计项目:　　　　　编制人:　　　　　　　　日期:　　　　　索引号:
截止日期:　　　　　复核人:　　　　　　　　日期:　　　　　页　　次:

	执行情况	索引号
1. 关注被审计单位在财务、经营等方面存在影响持续经营能力的各种事项或情况,并作出初步评价。		
2. 了解被审计单位管理当局对于存在的影响持续经营能力的各种事项或情况计划采取的措施,并判断其能否缓解对持续经营能力的影响。		
3. 与管理当局分析、讨论现金流量预测、盈利预测及其他预测。		
4. 审核影响持续经营能力的资产负债表日后事项、财务承诺及或有事项。		
5. 与管理当局讨论、分析最近的会计报表。		

续表

	执行情况	索引号
6. 审查合同及债务契约条款的履行情况。		
7. 查阅股东大会、董事会会议及其他重要会议有关财务困境的记录。		
8. 向被审计单位的法律顾问询问有关诉讼、索赔情况。		
9. 审查有无改善措施及财务救助计划,并评估其合法性和可行性。		
10. 向被审计单位索取被审计单位管理当局对于持续经营能力评价方面的声明。		
11. 对于应披露的持续经营事项,验明是否已做适当披露。		

11.9 实 训 活 动

🍃 活动要求

- 或有事项审计案例
- 期后事项审计案例

🍃 活动内容

【训练 1】 练习或有事项审计案例

注册会计师在审计徐州工程机械科技股份有限公司 2022 年会计报表时关注到,徐州工程机械科技股份有限公司为新大公司向银行借款 100 万元提供担保,2022 年 10 月新大公司因经营严重亏损,进行破产清算,无力偿还已到期的该笔银行借款,银行因此向法院起诉,要求徐州工程机械科技股份有限公司承担连带偿还责任,支付借款本息 120 万元。2023 年 2 月法院终审判决,要求徐州工程机械科技股份公司支付借款本息 120 万元,并于 2023 年 2 月 28 日执行完毕。请就该事项完成审计相关实务。

【训练 2】 练习期后事项审计案例

注册会计师在审计徐州工程机械科技股份有限公司 2022 年会计报表时关注到,徐州工程机械科技股份有限公司 2020 年 11 月 25 日为 W 公司担保贷款 2 000 万元,由于 W 公司经营状况不佳连年亏损,不能按期偿还贷款,被工商银行于 2022 年 4 月起诉,要求徐州工程机械科技股份有限公司承担担保连带责任,经法院审理于 2023 年 2 月 4 日判决,由徐州工程机械科技股份有限公司负责偿还 1 200 万元。会计师事务所完成审计工作时间是 2023 年 1 月 21 日,徐州工程机械科技股份公司 2023 年 2 月 4 日并未披露其会计报表,请就该期后事项完成审计相关实务。

🍃 活动评价

【训练 1】 练习或有事项审计案例

资产负债表或有事项审定表

被审计单位：　　　　　　　　编制人：　　　　日期：　　　　　　　　索引号：
截止日期：2022 年 12 月　　　复核人：　　　　日期：　　　　　　　　页　次：

或有事项	查验过程记录	索引号
1	注册会计师在审计徐州工程机械科技股份有限公司 2022 年会计报表时关注到,徐州工程机械科技股份有限公司为新大公司向银行借款 100 万元提供担保,2022 年 10 月新大公司因经营严重亏损,进行破产清算,无力偿还已到期的该笔银行借款,银行因此向法院起诉,要求徐州工程机械科技股份有限公司承担连带偿还责任,支付借款本息 120 万元。审计人员追查预计负债审计工作底稿发现,徐州工程机械科技股份公司对该笔或有事项已经做的相应的预计负债处理,借:预计负债 120 贷:营业外支出 120,相关金额可以确认。	

【训练 2】　*练习期后事项审计案例*

资产负债表日后事项审定表

被审计单位：　　　　　　　　编制人：　　　　日期：　　　　　　　　索引号：J2
截止日期：2023 年 4 月　　　复核人：　　　　日期：　　　　　　　　页　次：

资产负债表日后事项	查验过程记录	索引号
2023 年 2 月 4 日	注册会计师在审计徐州工程机械科技股份有限公司 2022 年会计报表时关注到,徐州工程机械科技股份有限公司 2020 年 11 月 25 日为 W 公司担保贷款 2 000 万元,由于 W 公司经营状况不佳连年亏损,不能按期偿还贷款,被工商银行于 2022 年 4 月起诉,要求徐州工程机械科技股份有限公司承担担保连带责任,经法院审理于 2023 年 2 月 4 日判决,由徐州工程机械科技股份有限公司负责偿还 1 200 万元。注册会计师于 2023 年 2 月 4 日关注此期后事项,查验发现在 2022 年被审计单位就该项目计提了的预计负债 2 000 万元,2023 年法院宣布。	

本 章 小 结

特殊项目审计工作底稿编制章节主要包括以下内容：编制期初余额程序表和审定表、会计估计程序表和审定表、债务重组程序表和审定表、非货币性交易程序表和审定表、关联方及其交易程序表和审定表、或有事项程序表和审定表、期后事项程序表及审定表、持续经营能力等项目的审计程序表和审定表。

思 考 题

1. 了解期初余额审计包括内容？
2. 或有事项审计与期后事项审计的联系和区别？
3. 债务重组审计实务包括的内容包括？
4. 简述非货币性交易审计的一般程序。
5. 持续经营能力审计包括哪些内容？

第 12 章

汇总审计工作底稿的编制实训

🎯 学习目标

- 掌握管理当局声明书的编制
- 掌握审计差异调整表的填写
- 掌握试算平衡表的填写

12.1 管理当局声明书

管理当局声明书

索引号：

会计师事务所：

本公司委托你所对本公司　　年　月　日至　　年　月　日的会计报表进行审计,现就有关情况声明如下：

一、提供的会计报表按照《企业会计准则》和有关财务会计制度的规定编制,本公司管理当局对其真实性、合法性和完整性承担责任；

二、本公司已提供所有的财务及会计记录,包括会计凭证、会计账簿和其他会计资料；

三、提供的股东大会、董事会或其他高层领导会议的会议记录是完整的；

四、已提供全部的关联单位名单、关联交易清单及有关资料；

五、已提供全部的资产负债表日后事项,重大的事项均已作调整或披露；

六、或有损失事项均已提供,并已在会计报表附注中披露；

七、涉及诉讼的未结债权债务情况均已提供；

八、会计报表截止日,为其他单位提供担保的借款计人民币　　万元,为其他单位提供抵押的借款计人民币　　万元(详见附件五)；

九、本会计期间无违法、违纪事项,没有发现管理人员和其他员工舞弊现象；

十、本公司应收款项等债权完全属实,对拥有的全部资产享有充分的所有权(使用权)；

十一、购买大额固定资产、无形资产、对外投资等资本性承诺金额计人民币　　万元(详见有关协议)。

企业名称(盖章)	法定代表人：(盖章)
	会计机构负责人：(盖章)
	日期：

12.2　审计差异调整表

调整分录汇总表

被审计单位：　　　　　　　　　　编织者：　　　　　　日期：　　　　　　索引号：

会计期间或截止日期：　　　　　　复核者：　　　　　　日期：　　　　　　页次：

序号	调整内容	索引号	调整金额		影响利润	备注
			借方	贷方		

被审计单位代表：　　　　　　　　　　　　参加人员：

项目负责人：　　　　　　　　　　　　　　审计人员：

双方签字：　　　　　　　　　　　　　　　签字日期：

√被审计单位接受调整建议。

12.3　与客户交换审计意见

索引号：

与客户交换意见记录

委托单位：_____　　被审计单位：_____

项目性质：_____　　审计年度：_____

工作日期：自　　年　月　日至　　年　月　日

委托方及被审计单位参加人员：　　　　　　　受托方参加人员：

姓名：_____　职务：_____　主办人员：_____

姓名：_____　职务：_____　助理人员：_____

审计中发现的问题及处理意见：	与委托方交换后的处理意见：

受托方主办人员签名：_____

被审计单位盖章：_____

委托方负责人签名：_____

被审计单位负责人签名：_____

年　月　日

12.4 试算平衡表

试算平衡表（一）

被审计单位：
截止日期：

编制人：
复核人：

日期：
日期：

资产	行次	未审金额	调整增加	调整减少	审定金额	负债及所有者权益	行次	未审金额	调整增加	调整减少	审定金额
货币资金	1					短期借款	45				
短期投资	2					应付票据	46				
应收票据	3					应付账款	47				
应收股利	4					预收账款	48				
应收利息	5					应付工资	49				
应收账款	6					应付福利费	50				
其他应收款	7					应付利润（股利）	51				
预付账款	8					应交税费	52				
期货保证金	9					其他应交款	53				
应收补贴款	10					其他应付款	54				
应收出口退税	11					预提费用	55				
存货	12					预计负债	56				
其中：原材料	13					一年内到期的长期负债	57				
产成品（库存商品）	14					其他流动负债	58				
待摊费用	15					流动负债合计	59				
待处理流动资产净损失	16					长期借款	60				
一年内到期的长期债权投资	17					应付债券	61				
其他流动资产	18					长期应付款	62				
流动资产合计	19					专项应付款	63				

续表

资产	行次	未审金额	调整 增加	调整 减少	审定金额
长期投资	20				
其中：长期股权投资	21				
长期债权投资	22				
*合并价差	23				
长期投资合计	24				
固定资产原价	25				
减：累计折旧	26				
固定资产净值	27				
减：固定资产减值准备	28				
固定资产净额	29				
固定资产清理	30				
工程物资	31				
在建工程	32				
待处理固定资产净损失	33				
固定资产合计	34				
无形资产	35				
其中：土地使用权	36				
递延资产（长期待摊费用）	37				
其中：固定资产修理	38				
固定资产改良支出	39				
其他长期资产	40				
其中：特许储备物资	41				
无形及其他资产合计	42				
递延税款借项	43				
资产总计	44				

负债及所有者权益	行次	未审金额	调整 增加	调整 减少	审定金额
其他长期负债	64				
其中：特准储备物资	65				
长期负债合计	66				
递延税款贷项	67				
负债合计	68				
*少数股东权益	69				
实收资本（股本）	70				
国家资本	71				
集体资本	72				
法人资本	73				
其中：国家法人资本	74				
集体法人资本	75				
个人资本	76				
外商资本	77				
资本公积	78				
盈余公积	79				
其中：法定盈余公积	80				
公益金	81				
补充流动资金	82				
*未确认的投资损失（以"-"号填列）	83				
未分配利润	84				
*外币报表折算差额	85				
	86				
所有者权益合计	87				
负债及所有者权益总计	88				

试算平衡表（二）

被审计单位：　　　　　　　　　　　　编制人：　　　　　　　　日期：

截止日期：　　　　　　　　　　　　　复核人：　　　　　　　　日期：

项　目	行次	未审金额	调整增加	调整减少	审定金额
一、主营业务收入	1	52 166			
其中：出口产品（商品）销售收入	2				
进口产品（商品）销售收入	3				
减：折扣与折让	4				
二、主营业务收入净额	5				
减：（一）主营业务成本	6	39 461			
其中：出口产品（商品）销售成本	7				
（二）主营业务税金及附加	8	773			
（三）经营费用	9				
（四）其他	10				
加：（一）递延收益	11				
（二）代购代销收入	12				
（三）其他	13				
三、主营业务利润（亏损以"－"号填列）	14	11 932			
加：其他业务利润（亏损以"－"号填列）	15	360			
减：（一）营业费用	16	2 400			
（二）管理费用	17	4 305			
（三）财务费用	18	1 532			
（四）其他	19				
四、营业利润（亏损以"－"号填列）	20	4 055			
加：（一）投资收益	21	232			
（二）期货收益	22				
（三）补贴收入	23	27			
其中：弥补前亏损企业补贴收入	24				
（四）营业外收入	25	156			
其中：处置固定资产净收益	26				
非货币性交易收益	27				
出售无形资产收益	28				
罚款净收入	29				
（五）其他	30				
其中：用以前年度含量工资结余弥补利润	31				

续表

项　　目	行次	未审金额	调整		审定金额
			增加	减少	
减：（一）营业外支出	32	48			
其中：处置固定资产净损失	33				
债务重组损失	34				
罚款支出	35				
捐赠支出	36				
（二）其他支出	37				
其中：结转的含量工资包干结余	38				
五、利润总额（亏损以"－"号填列）	39				
减：所得税	40				
＊少数股东损益	41				
加：＊为确认的投资损失（以"＋"号填列）	42				
六、净利润（亏损以"－"号填列）	43				
加：（一）年初未分配利润	44				
（二）盈余公积补亏	45				
（三）其他调整因素	46				
七、可供分配的利润	47				
减：（一）单项留用的利润	48				
（二）补充流动资金	49				
（三）提取法定盈余公积	50				
（四）提取法定公益金	51				
（五）提取职工奖励及福利基金	52				
（六）提取储备基金	53				
（七）提取企业发展基金	54				
（八）利润归还投资	55				
（九）其他	56				
八、可供投资者分配的利润	57				
减：（一）应付优先股股利	58				
（二）提取任意盈余公积	59				
（三）应付普通股股利	60				
（四）转作资本（股本）的普通股股利	61				
（五）其他	62				
九、未分配利润	63				
其中：应由以后年度税前利润弥补的亏损（以"＋"号填列）	64				

12.5 实训活动

活动要求

- 管理当局声明书的编制
- 审计差异调整表的编制

活动内容

【训练1】 练习编制管理当局声明书

徐州工程机械科技股份有限公司 2022 年发表给北京立信会计师事务所的管理当局声明书。

【训练2】 练习编写差异调整表

项目经理在分析汇总审计小组中审计人员形成的相关审计工作底稿时,发现审计工作记录如下:

1. 需要调整的会计分录如下。

(1) 借:管理费用   350 000

        营业支出——非常损失   50 000

        贷:待处理财产损溢   400 000

(2) 借:待摊费用   1 200 000

        贷:销售费用   1 200 000

(3) 借:管理费用——提取坏账准备   500 000

        贷:应收账款——提取坏账准备   500 000

(4) 借:固定资产   40 080 000

        贷:在建工程   40 080 000

(5) 借:管理费用——折旧费   141 800

        贷:累计折旧   141 800

(6) 借:本年利润   19 550(78 200×25%)

        贷:应交税费——应交所得税   19 550

(7) 借:本年利润   58 650(78 200−19 550)

        贷:未分配利润   58 650

2. 不需要调整但是不符事项的会计分录如下。

借:应收票据   50 000

    贷:销售收入   50 000

同时，

借：销售成本 35 000

　　贷：产成品 35 000

3. 需要重分类的会计分录有：

借：应收账款 20 000 000

　　贷：预付账款 20 000 000

于是，项目经理把以上核算差异分别汇总到"调整分录汇总表""未调整不符事项汇总表""重分类分录汇总表"，并对未调整不符事项进行汇总评价，记录在工作底稿。

活动评价

【训练1】　练习编写管理的当局声明书

管理当局声明书

索引号：

北京立信会计师事务所：	
本公司委托你所对本公司　　2022 年 1 月 1 日至 2022 年 12 月 31 的会计报表进行审计，现就有关情况声明如下：	

一、提供的会计报表按照《企业会计准则》和有关财务会计制度的规定编制，本公司管理当局对其真实性、合法性和完整性承担责任；

二、本公司已提供所有的财务及会计记录，包括会计凭证、会计账簿和其他会计资料；

三、提供的股东大会、董事会或其他高层领导会议的会议记录是完整的；

四、已提供全部的关联单位名单、关联交易清单及有关资料；

五、已提供全部的资产负债表日后事项，重大的事项均已作调整或披露；

六、或有损失事项均已提供，并已在会计报表附注中披露；

七、涉及诉讼的未结债权债务情况均已提供；

八、会计报表截止日，为其他单位提供担保的借款计人民币 2 000 万元，为其他单位提供抵押的借款计人民币 3 000 万元（详见附件五）；

九、本会计期间无违法、违纪事项，没有发现管理人员和其他员工舞弊现象；

十、本公司应收款项等债权完全属实，对拥有的全部资产享有充分的所有权（使用权）；

十一、购买大额固定资产、无形资产、对外投资等资本性承诺金额计人民币 240 000 万元（详见有关协议）。

企业名称（盖章）	法定代表人：（盖章）
	会计机构负责人：（盖章）
	日期：

【训练2】 练习审计差异调整

调整分录汇总表

被审计单位：　　　　　　　　　　编制人：　　　　　　日期：　　　　　　索引号：

会计期间或截止日期：2022 年度报表　复核人：　　　　　　日期：　　　　　　页次：

序号	调整内容	索引号	调整金额		影响利润	备注
			借方	贷方		
1	管理费用		350 000		350 000	
2	营业外支出		50 000		50 000	
3	待处理财产损溢			400 000	0	
4	待摊费用		1 200 000		0	
5	管理费用				−1 200 000	
6	固定资产		40 080 000		0	
7	在建工程			40 080 000	0	
8	管理费用		141 800		141 800	
9	累计折旧			141 800	0	
10	本年利润		19 550		−19 550	
11	应交税费—所得税			19 550	0	
12	本年利润		58 650		−58 650	
13	利润分配—未分配利润			58 650	0	

被审计单位代表：　　　　　　　　　　　　　参加人员：

项目负责人：　　　　　　　　　　　　　　　审计人员：

双方签字：　　　　　　　　　　　　　　　　签字日期：

√被审计单位接受调整建议。

未调整不符事项汇总表

被审计单位：　　　　　　　　　　编制人：　　　　　　日期：　　　　　　索引号：

会计期间或截止日期：2022 年度报表　复核人：　　　　　　日期：　　　　　　页次：

序号	调整内容	索引号	调整金额		备注
			借方	贷方	
1	应收票据		50 000		
2	销售收入			50 000	
3	销售成本		35 000		
4	产成品			35 000	

未予调整的影响：该项会计事项会导致被审计单位会计利润减少 15 000,资产减少 15 000

审计结论：被审计单位不愿意调整，该项会计事项的会计金额超过重要性水平，影响无保留审计意见的出具。

被审计单位代表：　　　　　　　　　　　　　参加人员：

项目负责人：　　　　　　　　　　　　　　　审计人员：

双方签字：　　　　　　　　　　　　　　　　签字日期：

×被审计单位可以不接受调整建议。

重分类分录汇总表

被审计单位：　　　　　　　　编制人：　　　　日期：　　　　　索引号：
会计期间或截止日期：2022 年度报表　复核人：　　　日期：　　　　　页次：

序号	调整内容	索引号	调整金额		备注
			借方	贷方	
1	应收账款		20 000 000		
2	预付账款			20 000 000	

被审计单位代表：　　　　　　　　　　　　参加人员：
项目负责人：　　　　　　　　　　　　　　审计人员：
双方签字：　　　　　　　　　　　　　　　签字日期：
√ 被审计单位接受调整建议。

本 章 小 结

　　汇总审计工作底稿编制包括编制管理当局声明书、编制审计差异调整表、编制与客户交换意见书、编制试算平衡表等方面内容。其中编制审计差异调整表根据被审计单位是否进行调整会计事项，分别汇总到"调整分录汇总表""未调整不符事项汇总表""重分类分录汇总表"，并对未调整不符事项进行汇总评价，记录在工作底稿。

思 考 题

　　1. 什么是管理当局声明书？管理当局声明书要包括哪些内容？
　　2. 如何编制审计差异调整表？
　　3. 与客户交换意见包括哪些方面的内容？
　　4. 掌握试算平衡表的编制。

第 13 章

审计报告工作底稿的编制实训

学习目标

- 掌握审计工作小结的编写
- 掌握审计报告的编写
- 掌握审计意见的复核工作底稿的编写

13.1 审计工作小结

审计工作小结

被审计单位：

会计期间： 索引号：

项目性质： 项目负责人： 日期： 页 次：

一、审计计划执行情况

二、审计前后主要财务指标变化情况（金额单位:万元）

主要指标	审计前	审计后	差异
资产总额			
负债总额			
净资产			
主营业务收入			
毛利率（%）			
净利润			

续表

三、审计情况说明

13.2 审 计 报 告

共印份数： 给客户份数：	项目负责人签名：	盖章份数：	盖章人签名：	所属 业务部门
签发：	核稿：	拟稿：	校对：	

审 计 报 告

立信会审（　　　）第　　号

××××有限公司全体股东：

我们接受委托，我们审计了后附的××××有限公司(以下简称贵公司)财务报表，包括××××年××月××日的资产负债表、××××的利润表、现金流量表、所有者权益变动表以及财务报表附注。

一、管理层对财务报表的责任

编制和公允列报财务报表是管理层的责任，这种责任包括：(1)按照企业会计准则的规定编制财务报表，并使其实现公允反映；(2)设计、执行和维护必要的内部控制，以使财务报表不存在舞弊或错误导致的重大错报。

二、注册会计师的责任

我们的责任是在执行审计工作的基础上对财务报表发表审计意见。我们按照中国注册会计师审计准则的规定执行了审计工作。中国注册会计师审计准则要求我们遵守职业道德守则，计划和执行审计工作以对财务报表是否不存在重大错报获取合理保证。

审计工作涉及实施审计程序，以获取有关财务报表金额和披露的审计证据。选择的审计程序取决于注册会计师的判断，包括对舞弊或错误导致的财务报表重大错报风险的评估。在进行风险评估时，注册会计师考虑与财务报表编制和公允列报相关的内部控制，以设计恰当的审计程序，但目的并非对内部控制的有效性发表意见。审计工作还包括评价管理层选用会计政策的恰当性和作出会计估计的合理性，以及评价财务报表的总体列报。

我们相信，我们获取的审计证据是充分、适当的，为发表审计意见提供了基础。

三、审计意见

我们认为，贵公司财务报表在所有重大方面按照企业会计准则的规定编制，公允反映了贵公司××××年××月××日的资产负债表、××××年度的经营成果和现金流量。

北京立信会计师事务所	中国注册会计师
	中国注册会计师
中国·北京	报告日期：　　　　年　月　日

13.3　证据核对单

主要审计证据（资料）核对单

被审计单位：　　　　　　　　　　　　　　　　　　　　　　　　索引号：

会计期间：　　　　项目负责人：　　　　日期：

主　要　项　目	比例	是	否	不适用
1. 银行存款余额对账单、调节表或询证函	全部			
2. 存货清单	大部分			
3. 应收（预付）款项清单	大部分			
4. 应收（预付）款项询证函或替代程序	适当比例			
5. 长期投资清单、被投资单位的营业执照、章程、验资报告	大部分			
6. 固定资产清单或抽查表	适当比例			
7. 相关固定资产产权证明文件	大部分			
8. 借款清单及重大借款合同、抵押合同	大部分			
9. 应付（预收）款项清单	大部分			
10. 应付（预收）款项询证函或替代程序	适当比例			
11. 工资计列依据	大部分			
12. 主要税种纳税申报表、减免税文件、税务检查处理意见等	大部分			
13. 实收资本（股本）类证据，如企业营业执照、章程、验资报告	全部			
14. 计提盈余公积依据（董事会决议）	全部			
15. 收入类证据（测试表、重要合同等）	适当比例			
16. 有关费用列支依据、抽查表、租赁合同等	适当比例			
17. 所得税计列依据	全部			
18. 被审计单位声明书、业务约定书	全部			
19. 未审会计报表	全部			
20. 其他重要审计证据：				

13.4　复核程序

复核及批准汇总表

被审计单位：　　　　　　　　　　　　　　　　　　索引号：
会计期间：　　　　　　　　　　　　　　　　　　　页　次：

序号	内　　容	是/否/ 不适合	有关"否"和 "不适合"的说明
	项目负责人完成		
1	上年度审计所结转下来的事项是否全部处理？		
2	审计范围是否完全没有受到限制？		
3	期后承诺的财务影响有否考虑过？		
4	是否对审计报告日以前的董事会及其他相关的会议纪要都检查了？		
5	董事们的报酬证明是否已获得？		
6	对借款合约、信托契约等有无发生违约情况的检查是否感到满意？		
7	各项审计程序是否全部完成？		
8	审计工作是否按照本所执业规程执行？		
9	是否对所有重要项目均实施了适当的测试，足以在审计报告中对会计报表发表意见？		
10	工作底稿内是否包括所有已完工作的详细说明，并作出相应结论？		
11	审计项目小组成员的分工事项是否都已完成？		
12	是否已详细复核了全部审计工作底稿并签章？		
13	是否所有的工作底稿、复核记录中提出的追查事项都已得到满意的解决？		
14	审定会计报表之间及与报表附注的相互勾稽关系是否已经核对相符？		
15	下年度审计时需要考虑的重要事项的备忘录是否已经存档？		
16	有没有收到相关事项的声明书？		
17	是否已与被审计单位交换过审计意见并就调整事项取得一致意见？		
18	是否已完成了审计工作小结？		
	如果答"否"或"不适用"，应做适当说明。		

项目负责人声明：

　　本项目小组已完成全部审计工作，所履行的审计程序和搜集的审计证据足以支持所发表的审计意见；审计工作底稿已经本人详细复核，确信不存在重大疏漏。

　　　项目负责人签字：　　　　　　　　　　　　　　　日期：

13.5 复核意见

复核意见表

被审计单位：　　　　　　　　　　　　　　　　　　　索引号：
会计期间：　　　　　　　　　　　　　　　　　　　　页　次：

索引号	复 核 意 见	反馈情况

复核及批准汇总表

被审计单位：　　　　　　　　　　　　　　　　　　　索引号：
会计期间：　　　　　　　　　　　　　　　　　　　　页　次：

序号	内　　容	是/否/不适合	有关"否"和"不适合"的说明
	二级复核完成		
1	是否已审核过项目负责人编写业务工作小结和复核记录，并对重点审计领域和重要审计项目的工作底稿进行了详细复核？		
2	经过审核是否认为项目小组已充分执行了审计计划要求的审计程序，工作底稿的编制是否符合要求并足以支持最后的审计意见，在计划、内控和审计中发现的较大问题是否已被查清了并作了恰当的处理？		
3	是否对重大事项（如关联交易、持续经营、期后事项和或有负债等）予以必要的关注？		
4	是否认为审计报告的类型和披露的问题是恰当的？如果回答"否"，应对相关情况在复核记录中予以说明。		

续表

二级复核声明：

1、我已复核了当年度工作底稿及永久性底稿的有关内容，我认为：审计工作业已适当地完成，能够对会计报表发表审计报告未定稿中的意见。

2、我建议发出审计报告及已审会计报表，但受到我在复核记录中所说明事项及需要报告签发人注意进一步采取措施事项的限制。

二级复核人签字：　　　　　　　　　　　　　　　　　日期：

序号	内　　　容	是/否/不适合	有关"否"和"不适合"的说明
	三级复核完成		
1	是否审阅了二级复核记录及反馈意见？		
2	是否对"提请注意事项"采取了恰当的措施？		
3	是否认真审阅了审计计划、审计小结？		
4	是否认真审阅了审计报告未定稿、已审会计报表未定稿及会计报表附注？		

三级复核声明：

我已仔细审阅了审计报告及已审会计报表未定稿、审计计划、审计小结、提请注意的重大事项，并且对本次审计工作中我认为必要的其他问题进行了检查和讨论。根据以上复查，我支持发出审计报告及已审会计报表，但受到我在复核意见中说明事项的限制。

三级复核签字：　　　　　　　　　　　　　　　　　日期：

发出审计报告的最后批准

董事会或管理当局业已采纳已审会计报表，适当的声明书已经收到，期后事项的检查业已执行，其他未决事项也已全部澄清，同意发出审计报告。

签发人：　　　　　　　　　　　　　　　　　日期：

本 章 小 结

编制工作底稿审计实训环节包括编制审计工作小结、审计报告、签发报告前质量控制底稿和复核及批准汇总表等工作底稿。

审计工作小结是审计人员对审计工作执行情况的总结；审计人员汇总审计证据，确定审计意见类型后编写并签发审计报告。审计报告签发后会计师事务所质量控制部门对审计意见进行复核，需要注册会计师完成审计意见复核工作底稿的编制。

思 考 题

1. 审计意见类型包括哪些？审计报告应该包含哪些内容？
2. 审计意见复核程序需要编写哪些工作底稿？

参 考 文 献

[1] 秦荣生,卢春泉.审计学[M].11 版.北京:中国人民大学出版社,2020.

[2] 马春静.审计模拟实训课程[M].北京:中国人民大学出版社,2018.

[3] 杨蕊.基础会计实训[M].3 版.北京:高等教育出版社,2019.

[4] 吕学典,张俊民.中级财务会计实训[M].3 版.北京:高等教育出版社,2019.

[5] 汤健.会计综合实验教程——会计核算、财务分析与审计[M].4 版.北京:中国人民大学出版社,2018.

[6] 张维宾.中级财务会计学[M].6 版.上海:立信会计出版社,2018

[7] 陈汉文,杨广道.审计学[M].5 版.北京:中国人民大学出版社,2022.

[8] 赵保卿.审计学[M].北京:清华大学出版社,2021.

[9] 李华.审计实训[M].3 版.大连:东北财经大学出版社,2020.

[10] 黄秋菊,景刚,张丽.审计实训教程[M].3 版.大连:东北财经大学出版社,2018.

[11] 李晓慧,郑海英.审计教学案例精选[M].北京:北京大学出版社,2018.

[12] 郑卫茂,郭志英,章雁.中级财务会计实训教程[M].北京:清华大学出版社,2020.

[13] 朱明,王章友,吴燕.审计业务全真实训[M].北京:清华大学出版社,2023.

[14] 田金玉.审计综合模拟实训课程[M].上海:立信会计出版社,2024.

[15] 中国注册会计师协会.财务报表审计工作底稿编制指南(第 2 版).2022.

[16] 亚东.财务审计实务指南[M].北京:人民邮电出版社,2023.

附 录

审计工作底稿表格文件

为方便师生学习和应用，特附上本书所涉及审计工作底稿的电子表格，请扫码获取。

教师服务

  感谢您选用清华大学出版社的教材！为了更好地服务教学，我们为授课教师提供本书的教学辅助资源，以及本学科重点教材信息。请您扫码获取。

》》 教辅获取

本书教辅资源，授课教师扫码获取

》》 样书赠送

经济学类重点教材，教师扫码获取样书

清华大学出版社

E-mail: tupfuwu@163.com
电话：010-83470332 / 83470142
地址：北京市海淀区双清路学研大厦 B 座 509

网址：https://www.tup.com.cn/
传真：8610-83470107
邮编：100084